あなたの日本語だいじょうぶ？

SNS時代の言葉力

言語学者
金田一秀穂

暮しの手帖社

まえがき

先日、古稀になった。杜甫の詩、人生七十古来稀なりからきたという。しかし、今や70歳など珍しくもなんともない。ただ、古稀になるのは他人ばかりだった。自分のこととなると、すこしばかり考えたくなる。

他人事と言えば、死ぬことがそもそも他人のことだ。自分のこととして死を知ることはない。

若い時ほど、死ぬことが怖くなくなっている、死ぬ前にしておきたかったことというのも、あまり思いつかない。たいていのことはやってしまったような気がするし、今さらやっても、たいしたことではないだろうと「タカが」がついてしまう。

死後という言葉がある。その反対は生前であるという。しかし、この生前というのは変ではないかと言った人がいる。生前ではなく、死前ではないかというのだ。生前は、生まれる前ということになって、それは胎児以前の状態である。生前の生は、「生まれる」ではなく、「生きている前」のことであるとしても、「前」というのは、何をする前なのか。当然、死ぬ前である。だから、死前というのが正しいというのだ。

私たちは生きている。これを読んでいる人はみな生きている。つまり、私を含め、全員が死前である。事実には向き合うべきである。

余生とか晩年とかいうけれど、みんな死んでから言われる。死ぬ前から、自分は晩年を生きていると言う人はあまりいない。いても、そのようなことを言ってはいけないと言われる。退嬰(たいえい)的であり、もっと前向きに、希望を持てと言われる。しかし、希望に満ちて元気溌剌(はつらつ)としていなければいけないというのは、もう疲れてしまった。

生まれてからずっと、子供は元気いっぱいであるべきだと教えられてきたのではなかろうか。すぐに大声をあげ、ちょっとした移動をするのも歩かずに駆け出す。目を離すとどこかへ行ってしまう。すぐに笑うしすぐに泣く。成功したと言っては有頂天になり、失敗したと言っては絶望の淵に沈み込む。怠けてはいけない。常に向上心を持たなければならない。明日は今日よりも良くなっている。そのように暮らすべきである。

しかし、70年も生きていると、そうしたことがばかばかしく思えてくる。私の場合、小学生のころから、元気に遊ぶ子供たちを横目でみながら、なんとなく楽しめていない自分がいた。見ているのは面白かったから、孤独で寂しくはなかったけれど、少なくとも努力や根性とは無縁でありたいと望んでいた。「年よりじみている」とか「老成しているね」と言われるのは、何よりうれしかった。

早く隠居したかった。引っ込んで隠遁（いんとん）したいと思っていた。

今、やっと、そのような境遇にたどり着けた。自分はへなちょこであると、あるとき分かってしまい、以来、何も努めずになすがまま、暮らしてきた。その長年のたゆまぬ努力（？）の末、いつのまにかゴールに到達していたのだ。これは慶賀すべきことだ。

十分に余生を感じつくす。晩年であることをしみじみと味わう。

そうしてふと気づくと、リモートという手段が普通になってきている。人間と人間のコミュニケーションのやり方が変わってくる。どんなことになっていくのか、半分ワクワクしながら眺めているのだ。

ある程度の年齢になっている人間であれば、リモートよりも対面、パソコン入力よりも直筆というように、対面の温かみを覚えて惹かれるのはしかたがないのかもしれない。

言葉は、いつも耳慣れないものが生まれては消えていく。私は「流行語大賞」の審査員を数年前からやっているが、毎年、新しい言葉の誕生を楽しみにしている。

完全に新しいわけではなく、昔からあった言葉に、従来とは違った意味を与えられることもある。

言葉の使い方が新しくなると、そこでの意識の違いが生まれてきて、以前にはなかったことが意識化される。そのようにして、新しい文化や生活様式が生まれるのだろう。

リモート講演に対面講演、リモート会議に対面会議。リモート面接に対面面接。コロナ禍では「リモート」という接頭語が世の中に蔓延したばかりではなく、今まで普通に行われていたことに、わざわざ「対面」をつけくわえなければならなくなった。

コロナ禍時代とその前後の日本語はどんなふうなのか。前半は少しまとめて、改めて書き下ろした。後半は連載をまとめたのだが、この数年の移り変わりの激しさを感じ、すでに懐かしいようなふうにもなっていることに愕然としたりしている。

金田一秀穂

あなたの日本語だいじょうぶ？　目次

まえがき　i

第1章　失われた気配　11

第2章　これからの日本語　27

第3章　リモート時代の日本語力　45

第4章 不思議な巷の日本語 69

「回らない寿司屋」 70
「二刀流」 73
「あいうえお」 76
「みだりに」 79
「○活」 82
「2回目」 85
「経験値」 88
「落としどころ」 91
「投入金が不足しています」 94
「歯磨き粉」 97
「高級食パン」 100
「激おこぷんぷん丸」 103
「っす」 106
「ダム汁」 109
「痛っ」 112
「ダメ出し」 115
「日本語の壁」 118
「うれしみ」 121
「大器晩成」 124
「ブースター」 127
「潤い」 130
「すみやかに」 133

「〝そだねー〟」 136
「井の中の蛙」 139
「まじまんじ」 142
「て」 145
「乾物屋」 148
「パリピ」 151
「忙しい」 154
「気もい形容詞」 157
「高輪ゲートウェイ駅」 160
「負けず嫌い」 163
「アポ電強盗」 166
「万葉集」 169
「気分」 172
「無理」 175
「真逆」 178
「打ち言葉」 181
「肉肉しい」 184
「身の丈」 187
「にわかファン」 190
「ワンティームの光と影」 193
「聖地」 196
「Jリーグ様」 199
「不要不急」 202
「ネコハラ」 205
「スピード感」 208
「面目ない」 211
「街の声」 214
「盛りは後になってわかる」 217

「会食」 220
「自己判断」 224
「言霊」 227
「小言」 230
「昭和」 233
「心が折れる」 236
「そうめん」 239
「出口戦略」 243
「理解を願う」 246
「フィルターバブル」 249
「ハマる」 252
「正解」 255
「バールのようなもの」 258
「成人」 261
「やはり」 264
「ゲリラ豪雨」 267
「おしゃか」 270
「卒業」 273

編集協力／内池久貴
ＤＴＰ／今井明子

あなたの日本語だいじょうぶ?

SNS時代の言葉力

第1章
失われた気配

時代が進めば、さまざまなことが変わっていく。

考え方に違いが出てきて、以前にはなかった課題が見出されるようになる一方で、新しい文化や生活の方法も生まれてくる。

リモートワークにリモート会議。リモート出演、リモート授業……。

コロナ禍では「リモート」という日本語が世の中に蔓延して急速に広まった。

会社のビジネスマンは「オンライン」という言葉を使うことも普通になった。

「離れていること」を意味するリモートと、「つながっていること」を意味するオンライン。真逆の言葉なのに同じ意味合いで使われるケースも多いのが不思議でもある。

オンライン会議はリモート会議だし、オンライン出演はリモート出演である。離れていても、インターネットを通してつながっているということだ。

私も大学で講義をするとき、Ｚｏｏｍでの講義が増えた時期があった。便利といえば便利にはちがいない。離れた場所にいながら、学生の声だけではなく、映像までを共有しながらコミュニケーションが取れるのである。

「家にいて出かけなくていいので助かる」と言う人は多い。それはもっともである。

一方で、「何かつまんないよね」という声も耳にする。

Ｚｏｏｍがあれば事足りることは多くても、用事が済まされるならそれでいいというものではない。たとえば、Ｚｏｏｍでは、ムダ話や雑談をするのが、何だかもったいないような気がしてしまう。とても近い間柄であるならともかく、仕事上の付き合いに過ぎない相手と、長話的なおしゃべりはできにくい。なぜなのだろう。

相手の顔も見られるし、同時に会話のやり取りもできる。会っているのと変わりはないはずなのだが、物足りなく感じてしまう。

「対面」は不思議な力があるようだ。

各国の首脳が集まる会議がある。そこにわざわざ超多忙の人が集結する。警備上、危険極まりない。費用も莫大なものになるに違いない。そこで特別な飛行機を出して、招待する。一緒にご飯を食べる。見学する。しかし、それでなぜか満足する。歴史的な大きな意義があったとされる。たぶん、そうなのだろう。リモートじゃダメなのだ。

小さな話だけれど、地方の知り合いが「最近は東京に出張することがあっても日帰りになってつまらない」とこぼしていた。

以前なら、東京で会合の仕事があれば、一泊する出張が普通だった。それで、仕事の会合のあとには、各地から集まってくる人たちと夕飯を一緒にしてお酒を飲みに行き、いろいろと情報交換や久しぶりのおしゃべりができたのだという。日帰りではそれがなくなった。飛行機で東京まで行ったあと、2時間か3時間の会合に出て、すぐに帰ることになるのだからつまらないというのである。何かがなくなった。

都内でのリモートも、必要な打ち合わせをして事務的な話がすんだならすぐに「お疲れ様でした」と言って、すみっこの「退出」ボタンをクリックして画面を消して終了する。喫茶店でも会社でも、そこで出会って話をするときには、会議室だけできっぱりと打ち切られてしまうことはない。エレベータや玄関などの出口まで見送りにきてくれるか、歩きながらちょっとした雑談もできる。「暑いね」とか、「道が混んでてね」などと、無駄としか言えないようなおしゃべりがある。そういった余韻のような会話があるかないかの違いは、大きい。

クリックひとつで終わってしまうリモートには、決定的に欠けている何かがある。会って話しているのとかわらないようでありながらもクリエイティビティが感じられないのだ。

人は、直接会っているときには、相手の体温とか匂いとかを感じあっているのだという説がある。しかし、私たちは人と会っているときに、相手の体温を感じたり、体臭を嗅いでいるだろうか。そんな密接なかかわりあいを持つ相手はめったにいるものではない。

体温でもない、匂いでもない。しかし、リモートには「気配」と言われるものがないことに気がついた。相手の「気配」を感じられないことで、対話が生むはずの何か積極的な力が生じていないのだろうとおもうのだ。

気配とオーラ

「気配」とはなんだろう。確かに感じられるけれど、はっきりしない。歩いていて、なぜか後ろに人がいる感じがしたりする。誰もいないはずの場所になにかがいるような気がする。忍者が気配を消して忍び込むとか言う。しかし、ふつうの科学的な分析はされていないようだ。

これまで学術的に語られてきたなかでは、「アフォーダンス」というのが近いかもしれない。ジェームズ・ギブソンというアメリカの心理学者が提唱した知覚の理論である。簡単にいえば、環境から発せられる刺激ということ。五感の何に働くというのでもない。それらが複合されて感じ取られることがら。人や動物は、環境から与えられる意味や刺激に合わせて、意識せずに行動をとってしまうということ。心理学に限らず多様な分野に影響を及ぼしている考え方だが、ここではとりあえず〝目に見えるものがすべてではない。意識していなくてもなんとなく感じられることはたしかにあるな〟といった程度に理解しておいてもらえればいい。

「オーラ」などというのもある。それぞれの人にはオーラに色があったりするという。眉唾のエセ科学だと言われかねないけれど、人気のある芸能人や力量の高いスポーツ選手には、遠くからでも目立ってしまう雰囲気のようなもの。オーラなどというものがあるかどうかわからないけれど、これだけ多くの人が言うのだし、感じないわけでもないから、あってもいいのではないかと思う。カリスマ性、というのを形成している成分には、たぶんオーラが含まれているに違いない。

こういうものをひっくるめて「気配」と呼んでおく。

犬や猫にも気配はある。犬や猫の姿が視界にとらえられていなくても、犬がいるな、猫がいるな、と感じられることはある。さらに、普通では目には見えないけれど、妖気とか、神秘的な雰囲気、霊的な雰囲気みたいなものもある。理屈ではなく、そういうものを感じることがあるし、感じやすい人もいるらしい。

古本屋や図書館に行くと、一冊一冊の本にも気配があるのがわかる。元の持ち主がイメージされることもあれば、最近、誰かが借りて読んだんだな、と感じられることもある。

本や書棚が並んでいるだけなのだが、居心地のよさとか悪さとか、親しみやすさとか敷居の高さとかといった空間の生み出す気配がある。

気配がつきやすいモノは、いくらでもある。中古のレコード、楽器、文房具、食器などもそうではないか。持ち主や使った人間の想いや癖などが伝わってくる。偉人の旧居をありがたがるのは、気配を感じたいからなのだ。

ある著名な書道家に「あなたの書と村上春樹の直筆原稿ではどちらが価値があると思いますか?」と聞いてみたら、返答に困っていた。大谷翔平の書であれば、とんでもない値がつくかもしれない。

書家の書は教科書の手本になるくらい上手な字であるだろう。しかし、それを書いた人の発する気配の価値が違う。

坂本龍馬や土方歳三が達筆だったとは思えないけれど、どういう状況下でどんな気持ちでそれを書いたのだろうかと想像をめぐらせ、隠れた気配を楽しむだろう。

字のうまいヘタは関係ない。その運筆に現れる気配を人はありがたがるのだ。

人と会って話をするときでも、言葉にしていない部分までを自然に伝え合っている。そこに存在しているということだけで、お互いに、いやおうなしに気配を与えあい、受けとりあっている。意識しているかどうかを問わず、私たちは日ごろからそれを発信し、受信している。それでコミュニケーションが成立する。

これは、人類が生まれる以前、生物としての段階から持ってきた感覚だろう。同類が近づいてくる、危険な生物が接近してくる、そのような感覚は動物として持っていなければならないし、それがなければ種族保存もできないし、個体維持もできない。その感覚器が分化して、触覚をはじめとする五感が生まれたのだろう。

気配の類いがいっさいなかったとすれば、つまらないし、落ち着かなくなるのは当然である。

誰かが背中にピタッとつけてきても気づかなかったら恐ろしい。リモートを利用していると、それに近い感覚を覚える。気配のない世界を疑似体験しているのかもしれない。

もし、Ｚｏｏｍで気配までを伝えられるようになったなら大変なことだけれど、いまのところ、そこまではできない。ＮＨＫではＡＩ（人工知能）のアナウンスをニュースで聞くことがある。一時期よりかなり自然になってきたけれど、まだ不自然さは否めない。人間のアナウンサーが発している「気配」が消えてしまっているからなのだ。

リモートはつながれているようでも離れているのである。

空虚なタイパ

リモート（オンライン）が発達して、技術が普及することの恩恵もある。時代の進歩に追いついていかないと、淘汰されてしまうことになる。何かの模様のようなものをスマホに読み取らせると割引や優待が受けられるらしい。使わないのは損だ。ただ使い方がわからない。

腰を痛めて移動がままならなくなったことがあった。それでもリモートで講演が行える。体の不自由な人間にとってはきわめて恩恵が多い。しかし、いいこともあればよくないこともあるのは当然のならいだ。

大学の授業をオンラインでやると、私は一時期ユーチューバーだったのだが、あろうことか倍速で録画を見る学生も少なくなかったらしい。コスパならぬ「タイパ」というのだそうだ。タイムパフォーマンスの略である。

かける時間を短縮したい気持ちはわからなくもないが、なんだかうれしくない。「あー」とか「うー」とか言ってばかりいる老教授の講義は、飛ばしたくなる気持ちがわからないでもない。ある碩学が講義して、その沈黙がかえって人を深く考えさせるきっかけになったとかいう話を聞かぬでもないが、しかし、そんな素晴らしい講義はめったにあるものでもない。

大学や予備校の授業を倍速で見るのならいいけれど、名人の落語も倍速で見るのか、映画も倍速で見るのかと聞いたら、そういう人もいるらしい。「Z世代」、「デジタルネイティブ」と呼ばれる若者たちは実際にそうすることが珍しくないらしいのだ。

それどころか、映画や本のあらすじを雑誌やネットで調べることで済ませてしまう者さえいるのだと聞く。リーダーズダイジェストというアメリカ生まれの雑誌があった。ベストセラーを選んで、その要約を載せる。時は金なりの国である。能率や効率を追求すれば、そのような結果をうむ。世界最大の発行部数があったという。日本では廃刊になった。よかった。

映像も見ないで語ることができる映画などがあるものなのか。本にしてもそうだ。マニュアル本の類いならまだしも、「シェイクスピアを短くしていいのか。聖書を省略して嬉しいのか」と思う。

創作しているものは、その一語一語を彫琢している。それ以外の言葉で語られるものではない。だから長い長い作品も生まれる必然がある。

作品というものは、奥が深ければ深いほど、ダイジェスト化が難しくなり、そういう作業を試みること自体が無知で無恥の極みとみなされる。奥が深いわけではない私の授業でも、飛ばされるのは嬉しくない。

新型コロナウイルスの感染拡大以前、リモート授業などはまだ経験していなかった時代に「講義を映像にしておけば、休んだ人にも見せられる。在宅でも大学で講義を受けるのと変わらないようにできる」と聞かされたことがあった。そのときにも疑問を感じていた。対面で行う講義の価値が、録画してあるものと同じはずがないからだ。それで、教室に来ている学生たちに次々と質問していき、参加型の授業にして、対話を増やしたことがあった。教室に行きたいと思わせるためである。しかし確かに、わざわざ電車賃を支払って時間をかけて教室に来るだけの価値ある授業が出来ているか、不明ではある。

しかし、コロナ禍ではずいぶん多くのオンライン講座が開かれた。なかには意義のある講座も多かったはずだ。各大学、各学校に映像が残されているのなら、そのアーカイブには大変な利用価値がある。ただ眠らせておくのはもったいない。多くの人が見られるようにするのがいいのではないだろうか。資金に困っている学校法人の副収入の道があるのではなかろうか。

気配のないリモート

私が日本語教師をこころざした大きな理由は、外国に行けるということだった。それであちこちに行くことができた。で、コロナの前、スイスで講演してくださいと頼まれた。現地で頑張っている日本語教師たちに向けて、いろいろな話をするのだ。これは嬉しい。アルプスのハイジに会うのは難しいけれど、おいしいチーズフォンデュが食べられる。パウル・クレーの美術館にも行ける。一も二もなく「喜んで」と返事したのだが、コロナ禍である。残念無念。誰にも会えない。現地の空気も吸えない。オンラインですることになった。

どうせ上半身しか映らないのだからということで、下はパジャマのままで着替えない。

愛用のマシンでコーヒーを淹れて、いつものマグカップを置いて、東京の自宅のふだんの部屋から、遠くスイスに呼びかける。

塩しゃけにみそ汁の朝ごはんを食べて、スイスにいる人々に話しかける。おいしいチーズも食べられない。面白いわけがない。

あちらにはスイスだけでなく、ヨーロッパのいくつかの国で見ている人がいたらしい。幸い好評だったようで、そのあとでブダペストでもやってほしいと言われた。ブダペスト「で」やるわけではないのだ。「東京で」「ブダペストに向けて」講演をするのだ。どこにもいかず、東京の自宅だった。スイスだろうがハンガリーだろうが違いはない。

その次は中国で、北京、上海、天津、西安のライブ配信となった。四つの都市にいる日本語を学ぶ学生とつながっているといっても、学生たちの気配は感じられないのだから、私としてはあまり盛り上がるものはなかった。疲れなかったからいいようなものの、なんだか達成感が少ない。

映像や音声が届いていればいいと考える人もいれば、どこまでも気配を求めてやまない人もいる。

パンダのシャンシャンが中国に返還される際には、トラックに載せられて上野動物園から出て行くところを見ようと人が押しかけていた。ああいうときなどはニュースで見ていたほうがよほど様子がわかりやすい。

それにもかかわらず、なぜ現場に行くのかといえば、シャンシャンが去っていく気配を感じるためである。

「ぎふ信長まつり」にキムタクが来るというときも40万人以上が集まったという。顔どころか髪の先も見られない人も多かったということが報道されていた。そんな事態になることはおよそ想像がつきそうなものなのに、それだけの人が集まる。それもキムタクがいる気配を感じるためなのだろう。

どれだけ距離があろうとも、リモートではなくナマであれば気配が感じられるものなので、現場に立ち会おうとする。そういう人はやはり多いものだ。気配には人を惹きつける強い力がある。

日本語の中の気配

日本人は、言葉を使うとき、気配を含める。

たとえば英語で「cup on the desk」と言えば、「机の上にコップがあります」という意味になる。もう少し丁寧に言うなら「There is a cup on the desk」などとなる。

しかし日本語では「机の上にコップがあります」とはあまり言わない。普通は「机の上にコップが置いてあります」という言い方をする。

コップがただ存在する、というのでは日本語にならない。

日本語では、人が「置く」という行為をした結果として「存在する」結果になった、ということから、どうしてそのコップがそこにあるに至ったかを含めて、「置いてある」、と表現する。それはつまり、人が何をしたのか、という過程までを気配として扱い、言葉に組み込んでいるということだ。

多くの通訳は「cup on the desk」で済ませてしまうはずだ。英語には「置いてある」というような表現方法はないのだから仕方がない。

道にお財布がある、というのは変で、道にお財布が落ちている、と言うだろう。ケータイはそこにただあるのではなく、誰かが忘れていったのである。「落ちている」、「忘れていった」なども、日本語ならではの表現といえる。そこで示されているのもやはり気配であろう。

存在することを「いる」と「ある」で言い分ける。こころのないものは「ある」で、生き物や心を感じられるものは「いる」と言う。庭に犬がいる。庭に池がある。

「クマのぬいぐるみがある」と『ぬいぐるみのクマがいる」は、事柄としては同じなのだが、表現の仕方が異なる。言う人の心持の違いである。共感できるような心あるものの存在については、「いる」と言う。すなわち、気配を濃く感じさせるものと、気配をあまり感じさせないものとが、言語表現で区別されるのかもしれない。気配までを言葉であらわそうとする。

リモートではその気配が感じられないのだから〝何かが足りない〟という気になるのは自然な反応というしかない。

第2章
これからの日本語

コロナ禍が一休みして、気づけば私たちの周りの世界も変わってきている。特に、生成AIがどんなことを始めるのか、とても気になる。

チャットGPTは、私たちの世界を確実に変えてしまう。私たちの暮らしの上で、核爆弾以上の破壊力があるともいう。聞くだに恐ろしい。考えておかなくてはいけない。

考えてみると、私たちの生活は、効率を追い求めてきた。便利であることがいいことだと信じられていて、進歩、発展してきたはずなのだが、この200年が経過して、それで私たちの生活は楽しくなったのだろうかと考えると、どうもすなおに喜べない。なんだか不満が残る。息苦しい。疲れるばかりだ。何がいけないのだろう。

プレゼンテーションというのがはやっている。アメリカのコンピュータ関係の若い企業家たちが始めたのではないかと思う。そのうち、ほかの会社の人もやり始めた。舞台の上を歩き回りながら、手振り身振りで自分たちの話をする。舞台の背景にはパワーポイントが使われる。そうしてわかりやすく「見える化」して、意見を述べるのだ。

昔は演説だった。演題の向こうに立って、決められたスピーチをする。それでは人が聞かない、魅力がないというので、ラフな格好の若者が精力的に、いかにも私は魅力たっぷりです、という顔をして、滔々と自信満々の話をする。

あれはそんなに面白いのだろうか。私には面白くもなんともない。青年の主張のワンパターンもうんざりさせられるけれど、舞台上のスピーチも面白くない。

雄弁であると思われるのだろうか。説得力があることになっているのだろうか。魅力的なのだろうか。わかりやすくて聞く人を引き付けると本当に信じているのだろうか。

あのプレゼンにはひとつの型がある。

大学入試に小論文が出題されることがあって、高校や予備校がその対策を教えているらしい。何かについて意見を求められる。温暖化でも、いじめ問題でもいい。

その場合、まず最初に結論を2、3行で出す。何を言いたいのか、わかりやすい。次に、その結論を出すに至った理由を述べる。例えば、「その理由は三つあります」などと続ける。すると、読む人には整理された頭脳の持ち主に見えるらしい。で、もう一度結論を述べる。それで終わる。

何だって、勝手に作り上げられる。確かにわかりやすい。しかし致命的に面白くない。わかり切ったことしか言わないから、聞く気がしない。人が話を聞くのは、何をどうするか先がわからないからだ。それが最初からわかってしまっている。結論を先に言われたら、それこそ聞くのは時間の無駄にしか思えない。

先日身近に起きたことがある。

科学技術の進歩によって、様々な道具や方法が新しくなっている。コロナ明けにも、目新しいことがあふれているようで、淘汰されないように、追いついていかなければならない。スマホにQRコードを読み取らせてください、と言われて、どうしていいかわからない。それにはアプリがいると言われるのだが、アプリの意味がわからない。しかし、世間は留まってくれないから、哀れな年寄りは、不貞腐れるしかない。

自動翻訳機というのが出現して、これは語学教師にとって、大問題である。ドラえもんの「ほんやくコンニャク」である。外国語を学習するということが必要ではなくなるのではなかろうか。多くの外国語教師が失業してしまう。

あるとき大学生に、「自動翻訳機が進歩したとき、語学の勉強は必要なくなるのだろうか、あなたの考えを述べなさい」というテーマで作文を書かせてみたら、ほとんどの学生が「外国語学習は必要だ」と書いてきた。どうしてか。その作文を日本語教師である私が読むことになるからである。

外国人を教える日本語教師である私が、外国語学習は要るかどうかと問うているのである。自分の考えを述べなさいと言うのだけれど、自分の考えを持つことはあまりない。どうすればいい点数がもらえるかを考える。正解を求めようとする。つまり、望まれる答えを彼らは考える。正解があると思っているのだ。そこで、これを出題した教師の考えを忖度して、なるべくそれに適合することを書く。外国語教師なんだから、外国語学習は必要であると考えているにちがいない。だから、無理やり、必要であると書き、その根拠をいくつか適当にでっちあげる。意見文、小論文の型にのっとっている。

小中学生の読書感想文などにしても似たところがある。ちょっと利口な子であれば、課題図書を読んで自分がほんとうに感じたことなど書かない。どういう感想が求められているかを予測して書くものだ。

誰か偉い大人が選んだ課題図書は、つまり子供たちに読ませたい「良い」本であるに違いない。だからまず「この本を読んで面白かった」とか「感動した」とか「もっと読みたいと思った」と書かなくてはならない。それが「正解」であるはずだ。大学生にもなれば、さらに優秀な教師のコピーマシンになる。

それが例のワンパターン意見文で書かれる。そんな作文を何十本と読まされるこちらの身にもなってほしい。はっきりいって苦痛でしかない。

ワンパターンに陥らないためにも、さまざまな方向から考察を重ねたことで結論にたどり着いたという書き方をしてほしい。

そもそも最初から結論を書くのは、およそ無理なことである。作文を書くということは、それについて考えを深めていくということである。なぜ書くのかと言えば、それについて考えてほしいからだ。自分なりの考えを自覚して文字化して客体化してほしいからだ。まして「勉強が必要かどうか」というようなお題が出された場合は、それこそ簡単に答えが出せることではない。正解などあるはずもない。教師が評価するのは、その思考経路であり、どのように筋道を追っていくかをみている。初めから結論、正解が出るわけがない。というか、たいていの事柄には正解などない。まだ見つかっていない。だからこそ偉大な思想家は長編の書をものし、そうしてまだ書き続けるのだ。考えるということを、あまりにも安直に考えているのではなかろうか。

落としどころをさがす

「AとBのどちらがいいか」という議論になったときに、「和を以て貴しとなす」ということで両者が握手できる落としどころを探ることになりやすい。欧米であれば、AかBのどちらかしかないとは考えず、想像もしていなかったCという結論を出してくることがある。

コロナは、全世界を覆う厄災だった。それぞれの国々がコロナに対処したが、その対処の仕方の違いにお国柄が出た。言ってみれば文化の違いがあらわになって、ある意味、興味深いことだった。

流行しだした頃、日本では「隔離するか、しないか（感染拡大が起きそうなところを封鎖するか、しないか）」、「自粛して流行が収まるのを待つべきか、経済活動を続けるべきか」という二択の議論になっていた。それぞれの意見をだしあって、お互いの重なる部分と重ならない部分を見極めて、両者が折り合える妥協点、最大公約数の落としどころをさがしだすための議論が盛んにおこなわれた。つまり、問題が持ち上がった時には、すでにどこかに答えが隠されていて、それを探しだすのが私たちのやり方であるようなのだ。

しかし、欧米のやり方は違った。AとBの二つの意見があるとき、そこでの対立をみきわめておいて、どちらとも異なる新しいCという解決法を作り出す。欧米はそのようにして、ワクチンを作る、という解決を見出した。

日本はワクチンという発想があまり強くなかったからか、これだけ化学の発達した国であるにもかかわらず、欧米の製薬会社におくれをとってしまった。答え合わせをするまでもない。日本は、違う道へ行った欧米の国の恩恵にあずかっただけだった。死なずに済んだからありがたい。どちらが良かったのか、最終的な解決が出たわけでもないけれど、今までなかった解決案だけに、その陰謀論というのまで出てきて、あきれてしまう。

私たちは議論が下手なのではないか。議論を勝ち負けの話にしてしまう。それでは困る。ロンパしたとかいうので終わったような気になる一部の風潮は、あんまり生産的でないようにおもわれる。

勝ち負けが問われるディベートゲームは、日本の性分に合っているのだろうか。しかし、本当に大切なことは、勝ち負けで争われるようなことではない。真実を求める議論は、勝敗が問われる性格のものではない。それぞれの考えをぶつけ合っていくなかで、新しい観点が導き出される。そのようにして正解に少しづつ近づいていく。だから面白いし、きりがないし、生きていけるのだ。

ＡＩと語学教育

「自動翻訳機があれば、英語学習の必要はないのではないか」と言うと、学生たちからは「機械で会話をしても、本当の心情を表現できないし、伝えられない」、「それができるようにするために英語を勉強して、自分で話せなければならない」などといかにも有りがちな答えがかえってくる。しかし、自分の気持ちを機械を使わず外国語で伝えられるほど、外国語が上手なのか。もっと考えると、母国語でも、自分の本当の気持ちを表現できたことがあるのか、ということだ。

いずれ本当の心情を表現できない。だったら、翻訳機をつかうことで、それに近いことが簡単にできるようになる。言いたいことを相手の言葉にしてくれるにちがいなく、しかもその精度はどんどん高くなっている。

松尾芭蕉が翻訳できるのか、などと聞く人がいる。

もちろん、機械翻訳機では芭蕉を翻訳できないだろう。しかし、では、生身の人で、今までに芭蕉を正確に外国語に翻訳できた人がいるだろうか。一人もいないのだ。逆に、シェークスピアをそのまま日本語に変えられた人がいるだろうか。坪内逍遥も福田恆存もできなかったのだ。

同じ日本語でさえ、古典文学を現代語訳した試みは多いが、谷崎潤一郎も大岡信も、原作と並ぶということはなかった。人力でもできないのだ。機械翻訳ができないと言ったって、ないものねだりにすぎない。

私たちに翻訳機が必要とされる場面はどんなときか。

インバウンドで、鄙びた地方にまで多くの外国人が訪れるようになった。ある旅館では、女中さんたちはすべての案内に翻訳機を使っていると聞いた。ご飯はどのように食べて、布団はどうしてほしい、といった細かい説明も翻訳機を使って行い、まったく困ることがないのだという。

1964年の東京オリンピックの際には、ホスト国の責任として、国民みんなが英語を勉強しておいたほうがいいというムードが高まった。対して2020年大会（2021年大会）はどうだったか。コロナの問題が出てくる以前からそういう話はあまり聞かれなかった。翻訳機を各自が持てばいいのだ。しかも、英語だけではなく、中国語もベトナム語も翻訳できてしまうのだ。

業務用の文書を外国語に翻訳したい、学術的な研究を外国語で発表したい、そのような需要は昔からあって、いわば英語帝国主義に支配されていた。非英語国民は最初から著しく不利な立場に置かれていたのだが、この翻訳機によって、そのハンディが解消されてしまった。文学的言語でなければ、機械的な無機的散文であれば、翻訳機は全く問題なく、正確に言語の壁を越えてくれる。機械翻訳の仕組みに乗りやすいような表現に変えればいいのだ。ちょっとした手間である。慶賀すべきことである。

小学校教育の中に英語が取り入れられた。翻訳機が普及する以前の知見に基づいているのだろうが、早まってしまったと思う。ムダというか、時間がもったいない。

そこに時間をかけるくらいなら、ほかのことを学んだほうがいい。

やりたいと言う子がやるのは構わない。外国語を自由に操れる人材は有益であろう。言葉を通して異文化の考え方、感じ方を学ぶことは貴重な経験になる。もっと気軽に外国へ行き、異文化体験を積むのはいいことだ。国内に来る外国の人と意思を通じ合わせられるのは、豊かな国を作るだろう。しかし、必須科目にする必要はない。選択制でやりたい人だけがやるようにしておけばいい。

学校で教えているのは受験勉強のための英語であり、勉強のための勉強であって、使える英語ではないということはずいぶん前から言われ続けている。使える英語を学ぶならまだいいとしても、それは翻訳機で事足りる。

ホテルの受付で「今日、部屋は空いていますか?」と聞きたいなら、翻訳機でまったくかまわない。

ただし、今のところ翻訳機にも弱点がある。

固有名詞に弱いのだ。人の名前や作品名などでも、無理やり訳そうとすることが多い。たとえば翻訳機を使って「私の名前は金田一です」を訳させようとすると「マイネーム・イズ・モダンワン」などと言い出したりする。知ったかぶりをするのだ。翻訳できませんと言ってくるならいいのだが、機械はそのメンツにかけて無理やり翻訳しようとする。これはなんとかしてほしい。今のところ使う人間のチェックが必要ではある。こうした面の改善は待たれるものの、そういう癖があることを理解していれば、それほど困るものでもない。

チャットGPTの力

チャットGPTなどがどこまで何ができるのか。珍回答のようなものを引き出しては、おもしろがっている人たちがいる。おもしろいことはおもしろいにしても、それでチャットGPTにダメ出しをしても意味がない。可能性の大きさについてはしっかりと認めておくべきだろう。

機械は四六時中、世界中の場所から膨大なデータを集めてくる。だから、彼らの答えは、どうしても平均的になってしまう。異端の意見を求めると、いかにも異端の意見が出てくる。本当の異端の意見は出せない。常識世界の中に留まる。今までに提出された誰かの意見にのっとる。完全にユニークではありえない。模倣なのだ。

だから、できないことはできないと理解しておくことも大切である。

小説や評論、詩などもチャットGPTでつくれるというが、それは無理だと思う。形としてはそれなりのものにはなっても、その良し悪しを誰が評価するのか。チャットGPTではない。生成AIは、作ることはできても、作ったものを評価することはできない。おいしい料理を作ることはできるけれど、おいしがることはできない。おいしがる役割も機械がするようであったら、もう機械がする意味がなくなってしまう。

文学作品を書くというなら、ある程度できるだろうけれど、それを批評する小林秀雄や江藤淳のような役割はできないだろう。ある程度のことはやるが、程度がある。それらしいものに、機械が合格点をつけたとしても、批評精神を具（そな）えた人間が判定すれば、決してそういうレベルに到達していないのがわかるはずだ。いくら発達しようとも、小林秀雄がランボーの詩を玩味し賞味するようなことはできっこない。

絵を描くＡＩアプリなども出てきている。ＡＩが作成する絵について、ゴッホ風、ルノアール風などといった言い方はできても、あくまで「風」でしかない。ゴッホやルノアールの絵は描けないし、ピカソのオリジナリティは生み出せない。これから、ピカソの未発表作品が発見されたなどと言うニュースが出てくるだろうけれど、仕方ない。偽物は増産されるだろうが、だまされる人間がいけない。

俳句や短歌の投稿欄の選者は、恐ろしく大変なことになっている。ＡＩの作った作品が大量に投稿されてきているらしいのだ。そこからは選者の見識に頼るしかない。機械には到達できない領域、科学ではすくいとれない部分、そして気配のようなものがこれまで以上に大切にされるようになっていくことは疑われない。

ただし、確実な答えがあるようなことはＡＩが答えてくれる。

翻訳機を使えば、電化製品の取扱説明書やクスリの説明書、科学雑誌に掲載される論文などは正確に翻訳できるようになっていくし、ある種の緊急事態の対処も、適切な方法を教えてくれるだろう。

便利なこととつまらないことは両面でやってくる。後は個人の考え方である。

その流れはもはや止められないところまできている。

AIを超える気配

目、耳、鼻、舌、皮膚の五官を通じて感じるものが「五感」である。

第六感というと別の意味になってくるが、五感とは別に〝六感的なもの〟があり、それが気配と言い換えられるのかもしれない。

目が見えない人は、空気の流れや音の変化、温度の変化などにはとても敏感だと言われている。彼らには違う世界が見えている。我々がなんとなく感じている気配にしても、もっとはっきり感じられているのではなかろうか。

目隠しをされていて、目の前に10人が立っていたとき、こっそり一人増えたり抜けたりすればなんとなくわかるのもそういうことではないかという気がする。

市川浩という哲学者は、魚は視覚的にも触覚的にも自分のからだを認識できない構造でありながら（自分のからだを自分の目で見ることもできない）、自分が魚の形をしていることをわかっている、人間も魚のように、見ていなくても身体感覚として了解しているのだろうと説いていた。人間にも自分を知る感覚はあるのだろうし、それが六感的なものに近いのかもしれない。

古武術などには、まったく力を使わず相手を投げるような技がある。インチキなものもあるにしても、実際にやれることもあるのだろう。常識では説明しにくいことでも、何かしらのメカニズムがはたらいているのにちがいない。

これから私たちは、自動翻訳機やチャットGPTのような世界と、理屈では説明しにくい世界の両極と、いかに付き合っていくかが求められるようになっていく。そうしたところまでを理解したうえでコミュニケーションを取っていく必要が出てくる。

コミュニケーションはもともと言葉だけで行うものではない。言語以外の部分が非常に大切になってくる。

いわゆるコミュ障、コミュニケーション障害の人などは、相手の言葉よりも先に、気配の面で圧倒されて後ずさりすることが多いのではないかという気がする。自分にとって心地のいい対人距離を見出すのが苦手なのだろう。

気配が感じ取れない場面が増えていくこれからは、コミュ障の人に限らず、自分の距離感を摑みにくくなっていきそうだ。

そんな時代になってきているからこそ、なおさら気配に注目したい。

第3章
リモート時代の日本語力

〝話す力〟や〝聞く力〟

いまの若い人たちの言語力、文章力はどうなのか？　そういう質問を受けることがある。「話す力」、「聞く力」、「書く力」と分けて考える。

大学の年度末に試験をすると、「一年間、いったい何を聞いていたのか」とあきれることが多い。教師としてわかりにくく話していたのかと反省させられることでもある。出席だけしておけばいいと考えている学生は論外として、講義を聞こうとしていても理解できていない学生が多すぎる。そんなに難しい話をしているつもりはないのだが。

英語学習では、話す力、聞く力を伸ばすようにするのが大切ではないかと昔からいわれている。そのため近ごろでは、以前からあったヒアリングテストに加えて、新たにスピーキングテストも導入されている。

前章でも書いたように自動翻訳機は日進月歩で性能を高めているうえ、ＳＮＳやメールで交流することが増えている。そうであれば、英語のスピーキング能力が日常的に問われる場面は少なくなる。英語についてはむしろ、話す力、聞く力よりも、読み書き能力の重要性が高まってきているのではないか。

しかも、話したり聞いたりする力を外国語学習に重点を置いているのが不思議なのだ。肝心なのは母国語である日本語についての話す力聞く力であるのだが、貧しいとしか思えない。

試験などでは、政治家の答弁を聞かせて、「この人は結局、この件に賛成しているのか、反対しているのか?」と答えさせるのもいいかもしれない。相手が何を言わんとしているかを汲み取れない人たちは社会に出てからも問題になるので、なんとかしておくべきである。

図工や音楽の芸術科目は昔からある、書道もある。演劇というのがない。人前で発声したり、わかりやすく伝えることの訓練として、演劇の練習は有効なのではないか。選択科目としてあっていい。

人の話をちゃんと聞かない、聞けないというのは、いまに始まったことではない。理解力を問う以前の問題として、聞く気そのものがない人も多い。

政治家の記者会見では、決まった質問と決まった答えで終わる。国会答弁をＡＩにやらせたらいいのではないかと言った大臣がいた。あまりにも愚かしい。政治を人間がやる必要がなくなる。オーウェルのディストピアはこのような人が作り出していってしまうのだ。SFでも何でもない。ほかならぬ日本の中枢で、こんな発言が平気でなされる。恐怖である。政治家を辞めてほしいと思う。

人の話を聞く気がない、ちゃんと答えようとしない。言葉を大切にしない。言葉をいい加減に扱うことは、特に政治家には決して許されない。政治は言葉であるということを理解していないのではないか。

人の話を聞く姿勢を正す。そうして言葉の意味するところを誠実にとらえて言葉を大切にする。そうして理解力を身につけさせていく。日本に足りない部分である。

報道の自由と日本人の言語行動

国境なき記者団という国際的NGOが、毎年、国際比較された報道の自由度調査を発表している。日本はマスコミ報道を信頼する程度が世界で一番高いぐらいなのだが、自由度に関しては実は71位で低迷している。報道はほとんど自由だと国民は信じていて、信用度が高いにもかかわらず、実は世界的に比べるととても不自由なのだ。これはとんでもなく憂慮すべきことだ。

一部の強権的、独裁的な国のことを聞いて、そういう国の人々は何も知らされていなくて気の毒だなあと思ったりするのだが、ほかならぬ日本も、実は言論統制されていて、言えないことが多いらしいのだ。

しかも、ほかならぬ報道機関が、この報道の信頼度のいびつさについて、ほとんど報道しない。一番に報道するべき日本のマスコミは、自分たちが海外のマスコミから劣っていると見られていることを認めたがらない。報道機関は、国際的に批判されているにもかかわらず言いたがらない。

私自身は、今までいろいろなことを書いていて、発表しないでほしいと言われたことは一度もない。差別的なこと、性的なことについて表現しないことは言うまでもないのだが、なにが不自由なのか。

国境のない記者団によると、たとえば、政府組織関係には記者クラブというのがあって、決められた人しか記者会見に出られない。しかも、何かを質問して答えてもらったときに、それについて同じ人が重ねて尋ねることができないのだという。

記者会見に出ている人たちは、会話をしたくないのだ。話すことが嫌いなのだ。しかも、そのような風習がずっと続いているということは、記者たちのほうにも、それ以上話を続けようとしない気持ちがあるのだろう。横並びで、突出されることを厭う。問題について鋭い意見を出し合わない。会話が成立していない。

外国人記者クラブでする記者会見があって、出てきた人も聞く人も、とても自由に気軽に話している。記者会見というのは、そのようなものであるはずなのだが、偉い人たちは、会見場に出てこない。立ち話はするけれど、面倒な質問になると、最初から答えようとせずに、足早に立ち去っていく（この「足早に立ち去っていく」という言い方は、まるで定型句である）。

なぜ話したがらないのだろう。しかも、文書の発表を迫ると、黒いテープが張られたようなものしか出てこない。それで問題にもならない。透明性が著しく低い。政府への反対運動がたまにあっても、ほとんど報道されない。ないことになっている。それでは71位も仕方がない。日本はそういう話し合いや議論をすることが苦手なのだろう。そのような伝統文化があるに違いない。世襲議員が多いことが問題になっているけれど、それは門地が重要視されるということで、これは封建主義である。今から100年以上前に、福沢諭吉は、「門閥制度は親の仇でござる」と言ったが、門閥制度は強固に生き残っている。私たちは福沢さんに顔向けできない。

日本はきちんと議論が成立しないし、これでは民主主義は育たない。

読み書き能力

書く力についてはどうか。

SNS時代、メール時代になったことで、短いものではあっても文章を書く機会そのものはずいぶん増えたといえる。

「最近の10代、20代は書く力が高い」という人がいた。どうしてそう考えられるのかといえば、半径50センチ以内のことを書くのがうまいという。つまらない日常でも平気で軽い日本語に換えていく。「朝ごはんに卵焼きを食べた」とか「会社へ行く途中に猫がいた」などといったことをすらすらと書く。普通、こうしたことは言語化しないものだった。バスに乗った、椅子に座れた、などといちいち言葉に換えることはしなかったのだが、ケータイで友人にメールを送るのだ。しかも、いくらか読ませるものになっているところがすごいというのである。

他人からすればどうでもいいようなことを、なんとか読んでもらえるように短くまとめる。それはたしかにひとつの能力だとはいえそうだ。

メールやLINEなどでは、返信が早いかどうかも問題にされる。

文章を書く力とは関係なく、常にスマホが手元にあるか、入力するのに手間取っていないかも問われる。

若い人たちにとっては大切な技術なのだろう。幸い私の世代ではどうでもいいことになっている。慌てて返事をしようとする必要もない。歩きスマホなど、運動能力としてできない。そのたびに立ち止まらなくては、読むことさえかなわない。へたに若者に迎合しようとして、カタカナや絵文字などを多用すると、今度は「おじさん構文」と笑われる。

電話をかけるのがいいか、メールのほうがいいかについて、我々はそのつど悩んだりするが、彼らは悩まない。電話はいろいろな意味で面倒なのに、メールやLINEはラクでいいということで、およそ後者が好まれる。電話は時間も場所も選ばないというわけだ。メッセージが届けば次の瞬間には返信できる連中からすればたしかにそうなのだろう。それくらい私たちの世代とはスタンスが違う。

言葉は決して万能ではない

いまの若い人たちは、とにかく書くのが速くて、文章が短い。私などは何かの返事をするにもつい長くなってしまいがちだが、それをやっていてはダメ出しされる。

とにかくスピードが重視されるので、ちょっと何かを説明しようとすれば、「ムダ！」、「無理！」などのひと言で済まされてしまうのだ。

さらに、興味の範囲がある枠の中に限られているということなのだろう。たとえば、いま食べているオムライスがどんな味なのかといったことはうまく説明できる。それこそインスタグラムやツイッターなどのＳＮＳで鍛えられている面が強いのだと思われる。しかし、国会で議論されていることやウクライナで起きていることなどは書けない。ま、昔も、そのような若者はいた。私もそのうちの一人だったのだ。

孔子は、後生畏る（こうせいおそる）べしと言った。孔子様がそう言っているのだ。どんな世界が待っているのか、むしろ私たちよりも大変な世界なのではないか、気の毒にもなるし、強く期待したくもある。

昔より圧倒的に情報量が多い。岩波文庫だけ読んでいればいいという時代ではない。ただ、自己表現の場も広がっている。多分おもしろくなるのではなかろうか。

音楽も造形も身体表現も、ずっと身近な表現手段になっている。言語表現は主力ではあっても、言葉は万能ではない。言葉だけではない。いまの人たちはそういうことに気づきはじめている。

「タイパ」

音楽でもやはり「タイパ」が重視されるのか、イントロや間奏は聞かない、という若者がいるらしい。しかし、倹約によって、できた時間を彼らはどうしているのか。作り手ではなく受け手の問題になるが、余った時間は薄らぼんやりしているだけではないのかという気もする。いずれ役に立てているとは思えない。イントロや間奏がいらないという人は、それが退屈で、そこに時間をとられるのを怖がっているだけなのだろう。無駄な時間を楽しめない。せちがらい世の中だ。

一方で、映画のエンドロールはどうか。

以前は、映画館の出口が混み合うのを避けるためにエンドロールが出始めると席を立つ人が多かった。最近は「マナー違反」と言われるようになっている。だからといって、誰もがエンドロールのあいだはじっとしているわけではない。「見る派」、「見ない派」に分かれているようだ。やはりタイパの理屈を持ち出す人もいれば、「映画通は最後まで見るものだ」といって、しみじみと余韻に浸っている人もいる。

映画を鑑賞するにあたって、そういう余裕があったほうがいいだろうけれど、なんとなくおちつかない。でも、このごろは足が悪くなって速く歩けず、退場する他の人の迷惑になることが分かっているので、ゆっくりと立ち上がることにしている。年寄りはなるべく世間様に迷惑をかけないように暮らしている。

騙されないために

何を楽しむかは人それぞれであり、なんでもかんでも世代で分けられるものではない。「聞く力」にしても、以前の学生にはあって、最近の学生にはない、などと二分できることではない。

昔から聞く力のない学生は多かった。最近の学生にしても、できない子もいれば、できる子もいる。私の感覚でいえば、８割の学生には聞く力がないが、２割の学生にはあるようにおもう。

だとしたらどうするべきかといえば、２割の人たちに伝えるべきことを伝えていくのが私たち世代の役割なのではないかという気がする。

そう言うと、残りの８割は切り捨てるのか、という話になるので、あまり口にしたくはない問題である。しかし、次の世代に伝えるべきことを伝えておくことは、舞台から引っ込む年寄りの責任でもある。

気になるのは、情報量が圧倒的に増えてしまって、世代とは関係なく、騙される機会が恐ろしく増えている気がする。

メディアの報道やネットの記事、ＡＩの回答など、提示されたものをすぐに正しいと思ってしまうのは非常に危険だ。

そうしたひとつひとつについて、自分で判定できる能力、メディアリテラシーがなければならない。

テレビにしても自分が知っていることが伝えられていれば安心して聞いていられても、

知らない情報が伝えられたときにはつい「へえ、そうなのか」と思い込んでしまいがちだ。テレビでアナウンサーが口にしたからといって、それが正しいかはわからない。漢字などにしても、バラエティ番組のテロップなどでは、かなりムチャな字が使われていることも少なくない。そういうときに「変だな」と辞書を引けるかどうか。

聞く力、気がつく力、調べる力の問題である。

いまの人は、漢字も含めて、何かを調べたいときにはすぐにスマホで確認できるようになっている。そのこと自体はいいにしても、そもそも何が〝不確かな情報〟なのかを判断できなければならない。スマホ（ネット）で提示された情報にしても、正解とは限らないということをよく認識しておく必要がある。

ウィキペディアの情報に頼りがちな人は多いが、ウィキペディアもあてにならない。ウィキで裏を取りました、と自慢げに言うテレビスタッフがいて、やめてほしい。

物知りは偉いか

せっかくスマホのような便利なものができたのだから活用するのはいいと思う。

最近は、スマホによる情報収集力を試すテスト問題を出す先生もいるようだ。それも一つの見識だろう。私は大学の試験問題をつくるときには、スマホも何もすべて持ち込みを許す。学生は喜ぶけれど、ネット上に答えが載っているような問題は出さない。

勉強というと、知識を増やすことだと思い込んでいる人が多い。しかし、知識だけならネットに任せたほうがよほど正確だし量も多い。彼らは一度覚えたことを忘れないし、24時間すぐに答えてくれる。人がすべきことは、詳しい知識や情報をネットで集積して、その知識や情報を新しくつなぎ合わせて、その人なりの考えを作り出していくことであり、それがこれからの時代に評価される能力だろう。どのように使うかが大切になる。

AとBという情報や知識を得られたならそれでいい、というのは勉強ではない。AとBがわかったなら、そこからCを考えつくようにさせなければならない。教師は学生にそのような方法論を伝えなければならない。

平凡な人は、めったに起こらないような出来事にぶつかって、あわててその原因を考えようとする。天才は、日常いつも起きていることの中から奇跡的なことを見つけ出す。ニュートン以前、リンゴはいつも無数に落ちていた。けれどニュートンの天才によって初めて、そこに恐ろしく奇跡的な大原理が発見された。

教師は学生に、日常を観察すること、当たり前のことに疑問符を与えて考えることをさせる。そのようなことが、これからの未来にとって有益なのではないかとおもうのだ。

小学校の時、漢字の勉強というので、同じ字を1行分、10個も20個も書かせるような宿題があった。機械的で飽きてしまう。あの方法は、漢字を記憶させることの効果が科学的に検証されていたのだろうか。あの宿題の目的は、先生や学校の言いつけには従わなければならないという奴隷的性格を植え付けるための宿題であり、生徒の漢字能力を伸ばすための宿題ではなかったのではなかろうか。

日本の教育は、先生や親の言いつけを聞く子に育てることに重点を置いているようなのだ。上位の人の言うことを聞く素直で従順な人間は育つだろう。しかし、これからもそれでいいのだろうか。生徒たちがあまりバラバラに好き勝手なことをやっていたら、たしかに秩序は生まれにくい。しかし、授業以外の時間まで、一斉にご飯を食べて、一斉に外で遊んで、一斉に歌うのがいいと考えているような教育はそろそろやめにしたらどうだろうか。

個性を尊重すると言っておきながらそれでいいのか、もっと自由でいい。みんなと違うことをやっている子が怒られるのは、何か大切な芽を摘んでいることにならないだろうか。

多様な表現手段

いまや原稿用紙に縦書きする機会はほとんどない。原稿用紙を使ったことがないという生徒も少なくない。今の若者は原稿用紙の使い方も知らないのだと嘆くおじさんもいるけれど、当のそのおじさんが原稿用紙を使っているだろうか。せいぜいパソコンの原稿用紙レイアウト機能を使う程度ではないか。

形式は、見やすければいい。社会人になって色々使えたほうがいいから、さまざまなワープロ機能を使いこなせることは奨励する。脚注とかいろいろなことを使ってくる学生がいて、感心してしまう。

「レポートは動画や漫画にしてもいいよ」とも言っているが、さすがにまだお目にかかっていない。

いまのアニメにしろ漫画にしろ、さまざま優れた才能が輩出されている。

私が学生のころ、自己表現の手段はとても限られていて、多くは言葉に集中していた。しかし、視覚や聴覚に訴える表現メディアが、コンピュータのおかげで恐ろしく拡大されていて、うらやましくなる。こうしたものを見ていると、工夫次第では、リポートや卒論を動画や漫画にすることもできるはずだと思えてくる。課題とまったく関係ないものを出してくるのはこまるけれど、表現手段は自由である。たのしみなのだ。

自分の言葉をつくるために

私は今、山梨県立図書館で館長をしている。県立図書館は何よりもまず、貴重な資料を取集し、公開すること。数十年に一度しか閲覧されない本を収蔵していることが、誇りである。

世の中から紙の本が減っていくのはもはや仕方がない。そうではあっても、以前に出されていた本や新聞などが完全にこの世から消えてしまうことはできる限りふせぎたい。そのため、一生懸命、収集を続けて、データ化している。

山梨県では戦後すぐ目と耳のどちらも不自由な子供を引き取り、学習させるようにしていた。そのときの教材なども収蔵されている。

価値あるものを保存して、次世代へとつないでいくことが私たちの使命である。

しかしもうひとつ、図書館は少し前とはずいぶんイメージが変わってきている。この図書館は甲府のすぐ駅前にあって、駐車場も広い。そこで、屋根のある広場のようにしたいものだと思っている。そこが自分のもうひとつの居場所であるようなところ。皆が集まったりできる。あるいは一人でぶらりと入り込んで静かな時間をすごすのもいい。知的な刺激や好奇心がくすぐられるところ。穏やかで健康な時間を味わえるところ。

午前中はお年寄りが多い。冷暖房完備でゆっくりくつろげる椅子がある。知り合いとおしゃべりができる。無料で新聞が読める。病院の待合室よりは健康的である。

午後は若者がやってくる。学校に行くのはごめんだ。家にいてもいづらい。ゲームにも飽きた。退屈である。だからと言ってコンビニの駐車場にたむろするのも怖い。様々な事情をかかえている。出席を取るわけでもないし、試験や宿題もない。来ても来なくてもいい。無料である。机に突っ伏していても怒られない。目覚めたすぐそばに本が並べられているのと合法麻薬があるのとではずいぶん違う。学校に行かずに図書館だけで本を読んで成長する子もいる。

若者の貧困は根深く広がっている。家以外の場所に集まるのだが、その子供たちはさらに貧しい子供たちを作り出す。貧困が更に貧困を生む。デススパイラル地獄の大渦である。

図書館がそれをすべて断ち切ることができるとは思えないけれど、ほんの少しでも断ち切ることの手伝いができるのではないか。そのような場所を提供できるのではないか。

図書館はすべての市民に開かれた屋根のある広場になれるのだ。

図書館ではふつう年間利用者数とか貸出図書数が調べられて、その数が競われる。しかし、そんな数値は、図書館の価値を決めない。リクエストに応じてベストセラーを入れるところもあるが、それは市立や町立の図書館に任せればいい。本は借りなくていいし、読まなくてもいい。

共有空間であることが、図書館の使命なのだろう。去年と比べて来る人が増えた、減ったと言っても、意味がない。図書館は文化なのだから、数字でどうこう言えるものではない。

数字なんて忘れてしまえばいいのである。

空間を形成する気配

いい図書館を決める要素は図書の数や種類かもしれないが、何より最も重要なのは、その気配なのではないか、そうしてその気配の作り手は、言うまでもなく図書館で働く職員たちだろう。そこで利用者を待っている司書をはじめとする人たちが、その空間の気配を決定し、価値を作り出す。

働いている人たちが楽しく働ける職場でありたい。幸い、ボランティアで手伝いたいという人々に、毎年数多く応募していただいている。楽しく働いている人たちの姿を見れば、その空間は楽しくなるに決まっている。設備は大切だけれど、それより先に、職員がその場所の価値を決定する。

そもそも司書さんたちは、本が大好きだからその仕事をしている。本について彼らに聞けば、大喜びで教えてくれる。ＡＩを使えば、今までの読書傾向を記録していて、より効率的に本を選んでくれると思われるかもしれないが、人ならではの部分は必ず出てくる。ＡＩから「次はこの本を読んでみてください」と指示されるのと、人から提案されるのでは印象が違う。なによりも有機的である。曖昧だけれど、優しい。

司書こそが図書館なのだ。予算に余裕があるなら、本の購入に加えて、人の待遇を考えてほしい。

ご近所においでの節は是非お立ち寄りくださいませ。

人間力を高めるために

ＡＩが普及してくると、人の価値の基準はずいぶん違ってくるのではないか。少なくとも、学校の成績がいいこと、偏差値が高いことはＡＩにかないっこない。

よく、人間力とか言われる。数値化されないけれど、70年生きていると、人間力というようなものがあることは認めざるを得ない。これはいったいどんなものか。

信頼感のやたらある人がいる。悪い病気になったとき、この医者なら任せてもいいやと思わせるような人。大きなお金を使うようなとき、この人は信用できるかなと思える人。言葉のことを研究してきて、そういう人は、自分の言葉を持っている人なのかなと思ったりする。

大江健三郎さんが晩年「やっと本当のことを書けるようになった」と、あるインタビューに答えていた。ここでいう「本当のこと」とは、自分の気持ちがそのまま表されているということだろう。人は言葉を使うときに、いい加減に使っている。正直ではない。嘘をついている、恰好をつけている、よくわからない知ったかぶりで、そのような言葉を、平気で時間を消化させるために、他人を満足させるために、ほかならぬ自分を満足させるために使ってしまっている。それは本当のことではない。自分を裏切らない、自分にうそをついてない、自分に誠実に向き合って正直に吐露する言葉が、大江さんの言う、本当のことなのではないか。

たとえば荘子の言う自由というのは、何ものにもとらわれることなく自在に使いこなせる言葉だろう。

日本語を大切にするというのは、正直な言葉遣いをすることなのだ。

しかし、これは恐ろしく難しい。自分がどんなであるかは、自分のことでもちっともわからない。しかし、人は自分がどんなであるかを分析し続け、理解し続け、考え続けなくてはならない。そうしてはじめて、自分の言葉が自分をそのまま表しているかがわかる。

そうした人は、自分の言葉で語ることができる。

その様な境地を作るためには、私たちは日本語を知らなくてはならない。

で、そのための最も効果的な方法は、先人たちの残した日本語を知ることだろう。

本は優しい。つまらないと思ったら止めたらいい。途中で放り出しても、本は怒らない。じっと待っていて、また開いてくれたら、同じことを飽きずに繰り返してくれる。それでわかればめっけものだ。世界が広くなる。自分のことが、よりよくはっきり、明るく見えてくる。しかも、史上最高峰の日本語の技術、例えば柿本人麻呂や紫式部、近松門左衛門や松尾芭蕉、夏目漱石や宮沢賢治にそのまま直接触れることができる。これはとんでもない幸運なのではなかろうか。あきらめなくていい。彼らは例えば図書館で待っていてくれる。

第4章

不思議な巻の日本語

「回らない寿司屋」

わざわざ言葉にして「ありがたみ」を知ろう

以前は当然だったから特別な名前が要らなかったけれど、時代が変わって、それをわざわざ言わなければならなくなって、新しい言葉が生まれる。そのような現象をレトロニムと言う。再命名。

寿司屋は寿司屋だった。ところが、回転寿司屋が多くなって、寿司屋で奢ってやるよと言われても、以前ほどの特別感がなくなってしまった。それで、昔ながらの寿司屋を「回らない寿司屋」と言うようになり、「回らない寿司屋へ行こう」とわざわざ言わなければありがたがられなくなってしまった。

和食というのも、レトロニムである。ふつうに「食事」でよかったのだが、「洋食」が登場するようになって、「和食」と言わなければいけなくなってしまった。「洋食」も、ひとくくりにできなくなり、「イタ飯」とか「アメリカン」「ハワイアン」などと区別する。「エスニック」というのも、インド風、ベトナム風、と区別される。いろいろな種類が増えるのは面白いしいいことだとも思うのだが、そのうち、中華料理の地方差の潮州料理、福建料理のように、ムンバイ料理とかハノイ風フォーなどと言われて、結局よくわからなくなってしまうのかもしれない。

私は日本語学者として、新しい言葉が出てきても、遺憾とも思わず、むしろ面白がるほうなのだが、「内食」という言葉が出てきた時は少し驚いた。外食に対して使う。要するに家でご飯を作って食べることで、それは人類が20万年間やってきたことに他ならない。それを違う言い方が要るのか。夕食は内食だ、とか使うらしい。それに加えて、中食というのもできて、コンビニなどでおかずを買ってきて家で食べることらしい。

単身者の場合は、自炊と言った。家庭もちは自炊と言わない。内食と自炊はどう違うのだろう。

「当たり前」の暮らしって？

コロナのおかげで、レトロニムが増えたという。「有観客ライブ」とか「対面授業」など。

「ライブ」は客がいるのが当たり前だった。客がいなければライブではない。しかし、観客のいないライブもするようになったので、いちいち「有観客」と断らなければならなくなった。「授業」は、当然のように、教師と学生がひとつの教室にいて行われるものだった。しかし、学生をひとところに集めるのが難しくなり、学生も教師も学校に来ないで、ｚｏｏｍとかユーチューブとかのネット中継でするようになって、そうではない授業は特別に対面授業と言わなければいけなくなってしまった。

コロナ禍によって、私たちが当たり前だと思っていた暮らし方がとんでもなく変化させられた。言葉の面からもよく分かる。

「二刀流」

星飛雄馬＋ドカベン

二刀流というのが気に入らない。

いうまでもなく、大谷翔平さんのことである。しっくりこないのだ。この言葉で彼の偉業を言い表すのは、なんだか違うのではないか。

二刀流というと、私たちの世代では、まず宮本武蔵である。武蔵がほんとうに二本の剣を操って戦ったのかよく知らない。一本の刀で戦うよりはなんだか強そうである。一本で負けそうになったので、奥の手的に、困って短刀も抜いたのかもしれない。チャンバラごっこでは、二刀流は強かった。使われていない手にも棒切れがあれば、たやすく相手を叩くことができる。当時は二丁拳銃というのも流行（はや）った。ビリー・ザ・キッドとかパット・

ギャレットとか、子供たちの英雄であり、二丁拳銃を操ったと信じていた。

戦うときに同時に両手を使うということであって、これが本当に効果的であるのかわからない。少なくとも日本刀を二本振り回すのは、恐ろしいほどの膂力が必要であろう。いずれ、二刀流というのは子供たちにとってのあこがれでもあった。

そうして大谷翔平。この活躍はものすごいことである。漫画の世界にしかなかったと思う。漫画でさえ、投手と打者で好成績を残すということなど、ありっこないお話であり、星飛雄馬もドカベンもなしえなかったことである。現実にそんな人間が現れるということは想像さえつかなかった。しかも本場の大リーグである。いくら称賛しても、足りるということがない。

しかし、大谷さんのやっていることを、二刀流と言っていいのだろうか。

片手間ではない自己表現

二本のバットで打つというのでもない。両手で投げるというのでもない。同時にふたつ使うのではない。投手としても打者としても優れているということである。ふたつの役割において、とても優秀であるという。

一人の人間がふたつ以上のことについてその能力を発揮して業績をのこしたことは今までにもある。ミケランジェロは、画家であり、彫刻家だった。北野武は漫才師であり映画監督でもある。それぞれかけがえのない仕事であり、切実な自己表現の手段である。しかしかれらを二刀流とは言わない。片手間ではないし、窮余の策というのでもないだろう。大谷翔平にとって、投手と打者は全く別のことであるが、それぞれがとても大切な自己表現の手段なのだ。

たまたま、どちらも上手にできてしまう。二刀流と言うことで、矮小化してしまっているのではなかろうか。では、どう言うのがいいのかわからないけれど、私たちは歴史的な時間に立ち会っていることだけは確かだ。

「あいうえお」

意味がないからこそ都合がいい

なぞかけ遊びを教えようと、八五郎に長屋の大家が、

「いろはの『い』と掛けて鉄瓶と解く。そのこころは『ろ』の上にある。どうだ、うまいもんだろう」

「そんなら俺だってできる」

「おお、やってみろ」

「いろはの『ほ』と掛けて、ふんどしと解く」

「きたないなあ。そのこころは」

「『へ』の上にある」

「い」が「ろ」の上にあるくらいは分かるけれど、「ほ」が「へ」の上にあるということは、われわれにはなかなかすっと思いつかない。しかし昔の人には、とても分かりやすいことだったのだろう。

日本で最初の近代的辞書である『言海』が出版された時、福沢諭吉は祝辞を寄せて、その偉業を称えた。ただし、あいうえお順であることについて、湯屋の下足だっていろは順ではないか、と苦言を呈したという（高田宏『言葉の海へ』による）。

あいうえお順は客観的な合理性があり、しかも5音ずつのブロックがあって、辞書の見出し語を並べるのに都合がいい。ただ、意味がないので、その順を覚えにくい。しかし、一度覚えてしまえば便利である。意味がないぶん、いっそすがすがしい。

今や、「いろは」ですぐにその順がピンとくる人はとても少ない。いちいち暗唱しなければならない。「いろは」表記の木の札の鍵を使う和風ファミレスの下駄箱の前でまごついているのは、若者だけではない。

いろは順はほとんど使われることなく、あいうえお順が駆逐してしまった感がある。しかし、このあいうえお順も、今やいろは順と同じ運命をたどりそうだというのだ。

並んだ言葉の不思議

ＩＴのせいである。電子辞書は、その言葉の項に一点集中ですっ飛んでいく。その前後の順番などお構いなしである。デジタルの威力。

電子辞書は軽いし、収録語数も膨大になるし、紙の辞書よりも便利であることは否定できないのだが、「囚人」と「自由人」が並べられて記述されている面白さなど、お構いなしなのだ。

われわれがあいうえお順を覚えさせられたのは、国語辞典を引くためだった。電話帳で電話番号を調べるときも必要だったけれど、そんなこともすでに絶えてしまった感がある。

英語でも、アルファベット順を分からない人が増えているらしい。

北京オリンピックの開会式では、中国式の漢字の順で選手入場が行われた。評価を伴わない順番付けというのはやはり必要なのだが、これから日本語はどうするのだろうか。

「みだりに」

苦心の注意書き

「みだりに」という語を見つけた。あまり目にしない言葉である。テレビやラジオでも、使われているのをしばらく聞いたことがないように思う。忘れかけていた。言われてみればそんな言葉があった。

バスに乗ったのだ。運転席のそばに、注意書きが掲げてあって、

〈運転手にみだりに話しかけないでください〉

とある。

そうなのだ。運転手さんにみだりに話しかけてはいけない。「みだりに」話しかけるのは、よくないことである。

「みだりに」は「みだら」という語の変化形である。「みだら」は、辞書によると、性的に不真面目である、という意味である。確かに、ふつうに使われる「みだら」は「淫ら」であって、いかにもいやらしいお話を連想させる。子どもに聞かせられない。見せられない。日の当たるところには出てこない言葉である。

しかし、「みだりに」は、そんな不健全な言葉ではない。形は似ているけれど、昼間から使って構わない。しかも、バスの運転席にある「みだりに」は、ぴたりと当てはまる。他のどこでもなくここだけでしか使われようがないような、見事と言ってもいい使われ方である。

運転手にみだりに話しかけるのは、たぶん年寄りの客である。決して悪意があるわけではない。意地が悪いわけでもない。話しかけたいだけなのだ。おしゃべりしたくて仕方がないのだ。

年頃の孫娘を持ったおばあちゃんが、運転手さんがちょうどよい見合い相手に思えて、話しかけるのかもしれない。酔っぱらって機嫌のいいおじさんが、ついつい家族の自慢をしたくなって、話しかけるのかもしれない。

いずれにせよ、悪意があるわけではない。文句を付けたいなどとは思ってもいない。最近はやりの、クレームをつけるわけでは毛頭ない。しかし、やはり、運転手さんにしてみれば、迷惑至極なのだ。

用事もないのに、どうでもいいのに、話しかけないでほしい。迷惑なのだけれど、しかし、迷惑ですと言いきって、遮断してしまうのも、申し訳ない。コミュニケーションを拒否してしまう態度は、お客に対して失礼に当たる。それこそクレームを付けられそうだ。だから、とても遠慮がちに、おずおずとお断りする。決して不愛想なのではありませんし、お客様の苦情はいつでもお聞きします。お話をお聞きすることにやぶさかではありませんが、でも、運転中に話しかけるのだけは、やめてもらえませんでしょうか。バス会社の苦心の作文である。

同じ注意書きでも、テロ対策なのか、

〈不審物を見つけたら〜云々(うんぬん)〉

などの殺伐さがまったくない。

平和にバスの走る日本でよかった。

「○活」

何事にも努力をするのはいいが…

就活という言葉が言われ出したのは２００３年ごろらしい。好景気が終わって、就職するのが難しくなった。就職氷河期になって、就職活動が恐ろしく厳しくなった。20社受けて断られたとかいう悲惨な話を聞かされたりした。この時代の若者はとても気の毒だった。いつか、就職活動が短縮されて、就活と言うようになった。受験用の面接マニュアルがベストセラーになって、敬語の勉強が盛んに行われた。だから、この世代は団塊の世代などと違って、敬語について正しい知識を身につけた者が多い。

ただし、言葉で飾ることが上手だとも言える。

就活にならって、何かをしようと準備することを、「○活」と言うようになって、いろいろな言葉が派生した。

結婚したいという人は婚活をする。合コンしたり、いろいろと出会いを求めるのはいいけれど、縁結びのパワースポットに出掛けたりすることも婚活に含まれるらしい。

妊活と言うのは、赤ちゃんを授かるために、いろいろと努めることらしい。筆者は具体的に何をするのかわからないが、神社にお参りするだけでは効果がないのではないかということぐらいはわかる。

婚活も妊活も、縮約語を作るのに、結婚の婚のほう、妊娠の妊のほうを採るのは、結活や娠活では、元の言葉がわかりにくいからなのだろう。言葉の研究者としては、縮約語の作られ方が面白い。

死ぬための活動って何？

そうして、今度は朝活というのが現れた。朝を実現するために何をするのだろうかと戸惑ったのだが、朝からいろいろ活動することであるという。ラジオ体操だけではなくて、朝から資格のための勉強をしたり、朝から仕事を片付ける、朝から家族ときちんと食事を摂る、というようなことをするらしい。えらいことだ。勤勉さに頭が下がる思いだ。朝はただただ、休んでいたらダメなのだろうか。

そこへもってきて、終活。死ぬための活動をすることであるという。死ぬことは誰でも出来ることで、いやでも勝手に死ぬことになるのだから、そのための活動はしなくてもいいだろうと思うのだが、そうもいかないらしい。残された遺族が困らないように、あるいは行き倒れした時に誰かに迷惑をかけないように、葬儀の時の遺影用の写真とか、骨壺の用意とか、当てにならない唯一の身寄りの連絡先とかがわかるようにしておくことらしい。

今の日本は死ぬことさえ世間を気にしなければいけない。と言うか、生きている時にさんざん迷惑をかけたのだから、死ぬ時ぐらいは他人様に迷惑をかけないようにしなければいけない、ということなのだろう。おちおち死んでいられない。

「2回目」

話し相手と「今」を分かち合おう

人と会うことが減った。で、会った人が久しぶりなのに唐突に、

「2回目終わりましたか」

と聞く。

「うん終わったよ」

と言うと、

「そりゃよかった、どうでしたか」。「うんなんともなかった。ひどく疲れるとか、だるくなるとか言われてたけど、そんなのは、いつものことで、ちっともわかんなかった。変わりないね」

「中にはひどい人もいるらしいね。2、3日してから起きたって人も聞いたことがあるし」……。

何をどうしたか、具体的なことをちっとも言わないのに、お互いに何の話をしているかよくわかっていて、困らない。コロナウイルスワクチンの話でもちきりである。特に65歳以上の年寄りの間では、何よりも重大な関心事である。

2回目、というだけで、何の話かすぐにわかってしまう。2回目と言ったって、いろいろある。泥棒に入られて2回目とか、2回目のハワイ旅行とか、結婚2回目とか、無数にあるのだけれど、いまや、「2回目」と言えば、ワクチン接種のことにきまっている。

「2回目」は普通名詞である。固有名詞と区別される。固有名詞は、特定のものを指示し、「サライ」とか「神田」とか、一つだけ、それしかないもののこと。普通名詞は特定できないから、キチンと理解するには、話し相手との共通知識が必要になる。何の前提もなくて持ち出すと、誤解が起きやすい。共通の経験がない第三者には、何を言っているのかわからない。「あれ、それからどうなった?」と言われて適切に答えられるのは、夫婦や仕事仲間だけである。

固有名詞としての重みとは？

「戦後」というのは第二次世界大戦以後のことだと思っている。すなわち「戦」は１９４５年に終わったやつのことだと思われているけれど、京都の人にとっては「戦」は応仁の乱のことであるという話がある。「戦争」が普通名詞ではなく、固有名詞として使われているのだ。そのような話になる。

そういえば、「被災地」というのも、本来は普通名詞であり、それぞれの災害に応じて場所が変わるはずなのだが、東北3県を指示することが多いように思う。「あの日」は、「あの日」までは、8月15日のことだったのだが、「あの日」からは3月11日になってしまった。「2回目」と言っても分かり合えない日が早くこないものだろうか。けれど次には「3回目」がくるのだろうか。

「経験値」

経験を積んだ結果、人はどうなるのか？

若いうちは、小さなことでも何かあるとすぐに動揺してしまい、これで人生観が変わってしまうなどと考えた。おっちょこちょいで軽薄だった。ああ恥ずかしい。そうして、今だに変わらずに恥ずかしい。そんなとき、「経験値」という言葉を見つけた。もとはテレビゲームのＲＰＧ（ロールプレイングゲーム）[※]から生まれてきたのだという。

ＲＰＧというゲームは、私もほとんどやったことがない。基本はゲームで、敵方を倒せばいい。ただし単なるスピードだけではなく、それぞれのキャラクターの持つ得手不得手や能力があって、いろいろ作戦を立てなくてはならない。単なる運任せでもなく、しかし、頭脳戦で決まるというほど難しくもない。

で、そういう中で、コマにはそれぞれ持ち前の力が決められているのだが、ゲームを続けていくことで、その能力が高くなってくる。これを経験値という。

どんな仕事であれ、長くやっていけば、いくらかは上達していく。始めたばかりの新人には負けない。それで「経験値が違うッすよねー先輩」などと言われたりする。

しかし、経験値というのはそんなに単純なものではないように思える。私も教師という仕事をし始めてから35年経つ。経験について少しは人に語ってもいいのではないかと思うに至った。

仕事を始めて間もない頃は、何をしても初めてのことで、覚えるだけで精一杯、毎晩次の日の準備に追われた。毎日仕事をして、足らないことばかり気づいて、言われた通りにできないことを悩む。考えていた最悪のパターンにはまりこんでいて、抜け出そうと思っても抜け出せない。想い描いていたパターンはしっかりあるのだが、現実との落差で自己嫌悪に陥る。言われるアドバイスはいちいちしっかり理解でき、至極ごもっともであると思うのだが、そのようにできないから困っている。

ゲームでの経験値は、「値」というくらいで、しっかり数値化されている。経験というのはおよそ形で表せられないし、まして数字にすることができないけれど、ゲームの中では、そのキャラがゲームを通じてどのくらい成長したかをはっきり示せないと面白くない。

気にしなくなれるという能力

また、新しい敵と遭遇した時に、それとの対比が直ぐにできなくてはつまらない。それで、経験値が問題になる。具体的にも、携行する武器の威力が増してきたり、防御服も頑丈になり、替えの命の数が増えたりする。

人間の場合、仕事が上手になることは、ある意味、ないのではないか。しかし、悩まなくなる。気にしなくなる。人と比べることもせず、まして過去の自分と比べることもなくなる。

人間の場合、経験値というのは、要するに、気にしなくなれるという能力のことではないのか。

※物語性と、プレーヤーに割り当てられたキャラクターの成長を特徴とするゲームのこと。

「落としどころ」

探して見つけて、解決したことにする

ＧｏＴｏキャンペーンをめぐっては、経済か生命か、どっちを取るかで大揉めであった。簡単に決められることではなかった。継続するのか止めちゃうのか、決められない。このような時、日本の伝統は、「落としどころを探す」というやり方を取る。二つの利害が引き合う、どちらの陣営からも妥協できる点、帰着点を探す。

たいへん穏やかである。どこかの密室でごにょごにょと話し合いが行われ、互いの腹を探りあって、空気を読む。じゃあまあ、ということで、はっきりしないけれど、妥結する。解決したことにする。

ふつう、Ａ案とＢ案の二つがあって、どっちを取ったらいいのか困ったときは、どちら

も包含できる、どちらの陣営も賛成できるC案を考えることに努めるだろう。解決策を作り出す。それが弁証法である。対立案を止揚(しよう)するのだ。

落としどころは「探る」のであって、「作り出す」のではない。C案を新しく作り出さない。止揚しない。解決策はすでにどこかに隠れているので探し出す。問題が生じたときには、答えもどこかにすでにあると考える。それを見つけるのが仕事になる。

それは、どちらもが賛成する答えではない。しかし、もう存在しているのだから、どちらからも文句の出ない答えなのだろう。反対意見のないことが大切なのだ。独りでも反対する人がいたら、特に反対する人が重要人物であれば、そこは落としどころではない。

我慢より賛成を求められるが

それでいい、と言って決まるよりも、それがいいと言って決まるほうが望ましい。例えば夕飯の献立の希望を言うときに、「コロッケでいいや」と言うと怒られる。「コロッケがいいや」と言わないと叱られる。「〜でいい」というのは我慢を前提とする。家庭の夕飯程度の問題であれば、我慢よりも賛成の方が求められる。夕飯責任者にとって、気持ちよく支度ができる。しかし、政治家となるとそうはいかない。一国の方針である。皆が賛成することなど土台無理だと思っている。

ここで、英国や米国は、経済と生命を秤にかけて、ワクチンを作ろうという、どちらでもない答えを導き出す。オリンピックの偉い人も、ワクチンで開催が可能になると言う。まだ存在しない、海のものとも山のものともつかない答えに飛びついているように見える。それが解決策だと主張する。日本人からすると、楽天的でありすぎる、はっきりしすぎているように見えてしまうのだが、確かに経済と健康の両方を守るための一番の名案なのかもしれない。

日本はこの無謀にも見える案に飛びつくのか。どこにあるかわからない落としどころを探しながら、ずるずると現状を変更せず、一度始めてしまったことなのだから追認していって、泥沼にはまり込んでしまうのか。太平洋戦争末期の政府が、敗北を認める決定を避けて、落としどころを探すうちに、数百万の命を無駄にしてしまった轍(てつ)を踏むのか。それとも、未知の副反応の厄災に見舞われてしまうのか。

「投入金が不足しています」

ただの暴力的な音だから怖いのだ

交通系ICカードが好きだ。家から近いということもあって、JR東日本のスイカは便利に使わせてもらっている。キタカ、パスモ、トイカ、マナカ、イコカ、ピタパ、スゴカ、ニモカ、ハヤカケン、イクスカ、オデカなどの券が各地で使われているという。よくわからないようなものもあるけれど、一応それぞれ名づけに工夫の跡が見られる。キタカは、北海道で悪くない。ただし、北日本の駅の改札でも使えないことがあるので困る。イコカは、関西方言で、好感度が高い。

電車や、バスだけでないところもいい。ホームのキオスクだけでなく、本屋でもパン屋でも、使える店がどんどん増えている。これはありがたい。

大きな声では言えないが、チャージしたときの領収書を集めておいて、交通費ということにして、コンビニでプレミアム肉まんを買ったり、自販機でお～いお茶濃い茶を買ったりして、ひそかにほくそ笑んでいた。

税理士さんに言わせると、私は個人の事業主だから、そんなにしてごまかさなくても経費で落とせるらしい。ただし、一括交通費として申告するのはダメ、と言われてしまった。

愛用している。だからなるべくたくさんチャージしておく。しかし、これが鬼門なのだ。駅の自販機の前に行く。この頃は差し込むのではなく、小さな穴倉のような中にカードをただ置いておく。離れていても電波で入金される仕組みになっていて、お金が空気中に漂っているのだと思う。で、カードを置く、そうして5000円を入れることにしてボタンを押す。財布を出して、1000円札を5枚取り出す。しかし、年を取ったせいか、それだけの動作が以前のようにスムーズにできない。

大声でしゃべりだす機械

忘れちゃいけない。大切なのは領収書をもらうことである。それをしなくちゃわざわざ駅まで来てチャージする理由がない。領収書のボタンを押す。そんなことをしてまごまごしていると、機械が待ってましたとばかりに大声でしゃべりだすのだ。

「投入金が不足しています」

わかってるよ。そんなに事を荒立てなくてもいいではないか。少し時間がかかっているだけではないか。こんな時に限って、お札が一枚受け取りを拒否される。ことさら周りに聞こえるように機械がしゃべる。

「投入金が不足しています」

いま、ここにいる挙動不審の男は、ずるしてチャージしているかのようです。皆さん、よく見張ってください、と言わんばかりだ。ようやく新しい札を取り出したくらいで、さっきと寸分違わぬ調子で言う。

「投入金が不足しています」

言葉が言葉ではなく、ただの暴力的な音にしか聞こえない。逃げ出したいくらいに、怖い。

「歯磨き粉」

いまだに「粉」の字が使われる不思議

世の転変の速さはすさまじく、それにつれて、新しい言葉がつぎつぎと生まれてくる。意味のわからない言葉が世間に氾濫して、ぼんやりしていると、すぐにおいていかれてしまう。

以前、髪の毛を洗うのには、ふつうの石鹸があればよかった。頭をゴリゴリとこすって泡を立てたものだ。それがシャンプーになった。紙の袋に入っていて、粉だったり液状だったりした。やがてボトル入りのものが発売されて、化粧品のような気がして、とてもおしゃれでモダンに思えた。

そのうち、リンスというのが現れた。お湯に溶いて髪をすすぐのだ。気のせいか、それまでと比べて、洗い立ての髪の毛が柔らかくなったようだった。髪を洗うのに、ボトルが2本要るようになった。化粧品会社も2倍の儲けができるようになった。2本あるのは面倒くさいので、リンスインシャンプーとか、シャンプーインリンスとか言って、ひとつでふたつ分の効き目があると謳うものが出来た。安い温泉場などにはもっぱらこれが置いてある。それでいいのなら、最初からひとつでよかったではないか。なんなのだと、半分腹を立てていたら、今度は、もっと大変な変化が起きていた。リンスが名前を変えて、トリートメントやらコンディショナーやらになっている。何度か聞いたが、その違いがいまだにわからない。近い未来、コンディショナーアンドトリートメントインシャンプー、とかいうのが出現するに違いない。

次々と名前が変わる。実態はそんなに差がないに違いない。名前を変えなければ新しさが出ない。何より買ってもらえない。新しい別物であれば、値段が高くてもよくわからない。同じ名前のままで値段が高くなったら、それは値上げであって、うれしくない。

歴史文化遺産的保護言葉

かようにして言葉はどんどん変わっていく。同じものを指すのだが、名前を変えて新しさを演出する。商業的に、そのような圧がかかる。今の最新流行に乗るべく、若者たちだけでなく、いい大人も大忙しである。

で、そのような人が、歯を磨くときに使う、チューブに入っているものをなんと言うか。最新ファッションに身を包む今どきの女性が、あれを歯磨き粉と呼ぶ。

ハミガキ「粉」である。おかしくはないだろうか。

ハミガキに使う薬が粉であったのを、私は覚えていない。ハミガキコは、物心ついた時からチューブに入っていた。すでに粉ではなかった。練り歯磨きと名前を変えていた。練り歯磨きは、歯磨ぎ粉より新しい言葉なのだが、今の人も「粉」を使う。ひとつ前にさかのぼる。いずれ名前が変わるのだろうと思って、それからもう60年。いまだに、歯磨き粉である。奇跡的に残存している。

歴史文化遺産的保護言葉、なのだ。実体のほうがもうすっかり変わってしまっているのに、言葉だけがずっと変わらず、今も使われ続けている。そのうち文科省が指定するのではなかろうか。

「高級食パン」

「高級」という言霊の力

この頃、高級食パンというのが出回っていて評判らしい。たかが食パンである。こんなものに高級なものがあるのか。

食パンはかつて、一番つまらないパンではなかったか。近所のパン屋にパンを買いに行く。子供の私が欲しかったのはチョコロネやクリームパン、ジャムパンだった。食パンを買うというのでがっかりしたことがある。

そもそも食パンという名づけからして安っぽい。食用パンであるという。あるいは食事パンであるという。どう考えても、いい加減でありすぎる。菓子パンに対してついているだけで、ほかに名づけようがなかったから呼ばれている名前に過ぎない。つまらないパンと言っているとしか思えない。

食パンはバターかマーガリンを塗って食べるものだ。少なくともそのまま食べられるものではない。立ち位置は白米と同じもので、なければいけないけれど、それでいい食事ができるというものではなかった。

大切なのはそれについてくるおかずである。ポテトサラダやマーマレードが要る。高級なパン食というのなら、ピンクの高級ロースハムや揚げたてコロッケである。食パンを高級にするということはない。

パンを高級にするというのはわからないではない。たとえば「何たらカンパーニュ」だとか「フロマージュとベーコンのなんとかかんとか」という名前の付いた「ふんたらバゲット」とか「クロワッサンぽんたら」というのがある。

ケーキのようなもので、高くて脂っこくて甘い。おしゃれな奥様が亭主のいない遅めのブランチとかでつまんで食べるのに使ったらいい。しかし、何度も言うが、食パンである。

「高級」は4倍の値段の日本語

食パンにおいしいのがあることは知っている。近所のごくあたり前のパン屋は10時に食パンを店頭に並べる。

その直後、まだ中身から湯気が立っているようなのを売ってもらって、スライスする前にそのままかぶりつく。これはおいしい。２５０円で買える。こんなおいしいものがあろうかというくらいのものである。

高級食パンは、その4倍ぐらいの値段が付く。しかも、木の箱に入っているのまであるらしい。ばかばかしさの極みではなかろうか。「高級」という言霊の力に騙されているとしか思えない。

食べたことのない人間が何を言っても無駄だ、一度食べてみろという声が聞こえてきそうだ。

本当だ。食べたことがない。

寄付は受け付ける。誰か奇特な人はいないだろうか。

「激おこぷんぷん丸」

ほとんど口にされないのに流行語になる謎

学校の学生たちに、取材を兼ねて、最近の流行語を聞いた。彼らが一番先に答えたのは、「ゲキオコプンプンマル」だった。そうして、笑い転げるのである。

「もっとある」と言って、付け足されたのは、「ムカチャッカファイア」というのだった。「ゲキオコプンプンマル」は、怒った時の言葉であるらしい。「ゲキ」は「激しい」の意味であろう。「オコ」は「怒る」の略、「プンプン」で、怒っている様態を示す。「マル」で、それまでの怒りの表現をすべて穏やかな笑いに変える。

それだけでなく、さらなる強化表現が「ムカチャッカファイア」で、怒りに火がついて炎が燃え盛るようであるというのだが、「チャッカ」が「着火」のようで、冗談ごととして処置される。

この馬鹿馬鹿しいような表現が実際に使われるのか聞くと、使わないと言う。しかし、流行語として認められているのだと言う。流行していない流行語というのは形容矛盾である。

これと似た扱われ方をした言葉として思い起こされるのは、「チョベリバ」である。「超ベリーバッド」を略した、意味がわからないようでいて、しかしわかりやすい、いかにも今どきの若者の使いそうな言葉だった。

10年以上も前、渋谷でギャル現象が起きて、マスコミ中心に、彼らの使う言葉として、取り上げられた。世の大人たちは、彼らに理解があることを示すべく、一生懸命この言葉を覚えて使ったところが、かえって馬鹿にされ、あざ笑われたという。本当のギャルたちには、ほとんど全く使われていなかったのだ。

若者全体を象徴する言葉

流行語は口にされなければ、流行語ではない。たとえば「ってゆーか」や「マジむかつく」は、若者と話をしていて頻繁に耳にすることができる。しかし、「チョベリバ」も聞くことはなかったし、「ゲキオコプンプンマル」も、聞かれない。まして「ムカチャッカファイア」はふざけているとしか思えない。

その時代の若者を象徴する言葉というのがあるのかもしれない。実際に使われることはないのだけれど、その時代の若者全体を象徴する言葉として、「ゲキオコプンプンマル」や「チョベリバ」があるのだろう。

それにしても、「チョベリバ」は、どちらかと言えば単純な否定的言辞であった。それに比べて、「ゲキオコプンプンマル」は、ナンセンスを強く匂わせて、退廃的で刹那的な印象を与える。「ウケル」ことを狙って、怒りの表明は無効になっている。どこかしら戦前のエログロナンセンスを想起させるようなところがあって、世情の反映、歴史の繰り返しがあるように思えて、おじさんをちょっぴり不安にさせてしまうのだ。

「っす」

若者の間で広がる文法から外れた敬語の正体

研究室に学生がやってきた。何やら嬉しそうである。

「おれ、決めたっす」

「どうしたの？」

「おれ、留学するっす」

「へえ。どこ？」

「やばいっすよ。中国っす」

「へえ。そりゃ、いいじゃない」

目を輝かしている。元気がいい。意欲に燃えている。それはいいのだが、「っす」が気になる。「っす」は、気づいたら大学生の間で蔓延していた。彼らに聞くと、高校の時から、先輩とか顧問の先生に向かって使っていたという。目上の人に向かって緊張気味に使われる。敬語であろう。新しい時代は、敬語が減っていき、やがて無くなるだろうと言語学者は考えていたのだが、あにはからんや、若い人自身のほうから、新しい敬語が使われ始めた。

さらに「っす」の前の語に注目したい。「決めた」は動詞の完了形、「留学する」は、動詞の未完了形という。「やばいっす」は、何がやばいのか分からないけれど、それはこの際置いておいて、「やばい」は形容詞である。「中国」は名詞である。

形容詞や名詞は丁寧に言おうと思うと、「やばいです」、「中国です」というように、助動詞「です」がつくのが本来である。したがって、「っす」は、「です」の短縮形であると考えられる。モンダイは、動詞のほうだ。

「決めた」は「決めました」、「留学する」は「留学します」にならないといけない。動詞を丁寧にするのは「ます」であると文法の決まりがあるのに「です」が使われる。「食べるです」、「見えたです」などの言い方は、静岡周辺の方言として観察される。それが全国区に進出してきたのだ。敬語の汎化（はんか）、敬語の簡易化が起きている。

「中国のどこ行くの？」

「天津っす」

「そっか。天津に行っても、天津甘栗はないんだよ」

「え。まじっすか」

「天津で甘栗は売ってるけど、天津甘栗っていうので売ってない」

「まじっすか」

敬語は、尊敬語、謙譲語、丁寧語、美化語という4種類に分かれる。「っす」は謙譲語であると思っていた。なんだかかしこまっていて、自分の行為にだけ使われているように思えたのだ。4つの敬語の中で、謙譲語が一番ややこしく使うのが難しい。が、観察を進めると、そうでもなかった。「まじ」は、まじめであるという状態で、この場合、私側の言動についての言及である。つまり、学生から見た教師の態度であるから、それに謙譲語を使うわけにはいかない。したがって、謙譲語ではなく、丁寧語である。

もうひとつ、これは新しい男性語と思ったのだが、聞けば女子学生も使うという。『後輩敬語』というらしい。たしかに、体育会系のクラブでは、未だに上下関係が厳しく、封建的体制の中で嬉しそうに暮らしている若者たちがいる。

中国でも、その元気で生活を謳歌できることを祈る。

「ダム汁」

ただの水もダム愛好家には〝聖なる汁〟

世の中には、変わった事柄に異常な興味を持つ人がいる。〝鉄ちゃん〟と呼ばれる人がいる。あちこちに出かけて、鉄道の写真を撮る。わざわざ北海道の大雪の中、一日数本の列車しか停まらない駅に降り立ってしまって、そこで写真を撮る。どうやって帰るつもりなのか心配になる。踏切どころか、勝手に線路の中に立ち入って、警察に怒られて、それでも懲りずにまたやるという馬鹿者もいる。好きが高じて病になる。

昔から道楽者というのがいて、いろいろなことがその対象になる。賭け事や色事は、かなり一般的だから珍しくない。現代になって、それらの人々はふた手に分かれた。ひとつは「オタク」、もうひとつは「マニア」。

オタクは、家から外に出ることが少ない。たまに出ても、行く先は極めて限られている。人間関係も限定される。マニアは、外に出る。人との付き合いも、そんなに苦手ではない。しかし、興味の対象が狭い。先に挙げた鉄ちゃんは、活動的だからオタクではないけれど、変わり者であることに違いはない。

人は色々いて面白い。だから、そのような人がいても不思議はない。

で、このあいだ、そのような人の一人に会った。「ダムマニア」という。今、全国に1万人ぐらい、ダムマニアはいて、そのうちの自称400番目ぐらいのダムマニアであるという。ダムマニアは、全国にあるダムを訪ねて歩く。彼はいままで600か所のダムを征服したという。

ダムカードというのがあるのだ。全国のダムでは、野球カードと似た、ダムカードを用意していて、訪ねてくるダムマニアに配っている。一人1回1枚限定で、同じダムのものを6枚持っていて、嬉しそうなのだ。少なくとも、6回は行ったということが証明できる。

マニアは、ダムの水を、「ダム汁」という

ダムカードには、様々な符牒が書かれている。何のためのダムか、ということで、私はダムというのは発電しかしないものだと思っていたら発電設備がないものもある。

彼らダムマニアの、もっとも尊ぶべきことが、「ダム汁」なのだ。

ダムは、一年中水を貯めているわけではない。たまには放水（放流）もしなければならなくなる。その時、放水路（放流口）から、勢いよくダムの水が放出される。

この水を直接浴びるのは危険である。力が強い。しかし、放出されるそばまで近寄ることはできる。その近場で浴びることのできるダムの水を、「ダム汁」という。

ただの水である。ダムの中に溜まっていた池の水なのだが、その水がダムマニアには汁なのである。ダムの湖水を濃縮したエキスのような、いわば神聖な汁なのだ。

「汁」というのは、単なる「水」とは違う。鼻水は、ツルツル垂れるだけだが、鼻汁は、すすることができる粘性を持つ。

憧れのダムが一年間貯めてきた水を、直接しぶきとして浴びることができるのは、ダムマニアにとって、たまらない恍惚の瞬間であるに違いない。

「痛っ」

形容詞の「い」を促音に変換させる若者たち

日本語は曖昧である、というステレオタイプ的俗説がある。「お水が要りますか」と聞かれて、「いいです」と答えられても、要るのか要らないのかわからないではないか、というのが、そのような考え方の根拠に挙げられるのだ。

しかし、要るか要らないかは、その人のそれまでの態度や表情を見ていればわかることであり、その場の雰囲気を察すれば明快である。これで、曖昧でわかりにくい、という人は、よほど勘が鈍い人なのだと思う。

日本語・日本文化が、たいへん分析的で、明解にものごとを表明する例として、次のようなことがある。

間違えて金槌で指を叩いてしまった時、私たちは思わず「痛っ」と叫ぶ。煮えたぎった薬缶（やかん）を触ってしまった時、「熱っ」と叫ぶ。これは、日本語・日本文化の、恐ろしく冷静で理性的な判断能力を示している。

なんとなれば、たとえば英語であれば、「アウチッ」と叫ぶだけである。中国語では「アイヤー」と言うだけだ。彼らは被害を受けた、驚いたということを表明するだけで、それがどのような被害であったかを言明しない。子どもっぽく、叫ぶだけである。

我々は、私たちを驚かしたその原因を即座に言語化する。痛くて驚いたのか、熱くてびっくりしたのか、一瞬にして言語化する。素晴らしい言語習慣であるといえる。

ただ、この傾向が近年、形容詞の程度の強調にすぎなくなっているのが気になる。若い人が使う、「早っ」「広っ」「高っ」などである。

一般に若者言葉は、物事の程度を高めるものが多い。「すごく」「ひどく」というのは、団塊の世代が、それまで悪いことを強める言い方だったはずのものを、一般的な強める表現として使い始めた。「超うざい」「激安」や、「マジやばい」「鳥肌もの」などは、いずれも程度を強める言い方である。

若者は、年寄りや大人よりも、なにごとにつけ感覚受容の度合いが激しい。だから、大人たちの使う、「とても」とか「大変に」などという言葉では、自分たちの受けた刺激を表現しきれないと思うのであろう。いつの時代も、若者はそのようである。

新たな形容詞の活用形に認定

形容詞は、赤いとか、大きいとか、「い」で終わる。若者たちは、その「い」の部分を促音に替えてしまう。その変換は、今までは、「痛い」とか「熱い」とか、一部の形容詞に限られていたのだが、「赤っ」とか「大きっ」とかでも言えそうな勢いである。こうなったらもう、語尾の促音を、新しい形容詞の活用形として認定してもいいのかもしれない。

ただ、形容詞には「無い」とか「良い」という大物があって、これらはさすがに「無っ」「良っ」とはまだ当分言えそうもない。

「ダメ出し」

より良い結果を出すための異見を尊重すべし

この頃のニュースを見ていて思うことがある。

ダメを出す、と言う。本来はいわゆる業界の言葉だったらしい。演劇で、演出家が役者の演技について指導する。演出の意図を体現していない役者に、どのようにしてほしいのか、どのようにしたらいいのか、説明してわからせる。

蜷川幸雄とか黒沢明監督とか、怖い人たちのそのような場面を見ることが多いせいか、ダメ出しと言うと、頭ごなしに怒られているようなシーンを思い浮かべることが多いけれど、本当はとてもありがたいことなのだ。自分とは違う考えを持つ優れた人から、直接教えてもらえる。そんな機会は誰にでもあるものではない。選ばれた人間だけがその恩恵にあずかれる。その幸運を感謝していいようなことであるだろう。

しかし、多くの凡人はそのように思わない。ただ怒られるとしか思わない。そうして不愉快になる。避けたい。逃げたい。逃げられなければ、徹底的に無視を決め込む。

自分と違う意見は、ダメ出しされたと思い込む。叱られたのだと勘違いする。すぐキレる子、というのが出現した。何か指導すると、逆に食って掛かってくる。良かれと思ってした忠告について、論理にならない口答えをする。すり替える。泣き出す。喚きだす。無視を決め込む。こちらの忠言はちっとも効果的でない。反論できない。まして叱れない。教えられない。

自分の正しさに自信がないのか

ダメ出しは、上位者が下位の者に、低い評価を与えることである。反論は、同位者同士が違う考えを述べることであり、そこに価値判断は含まれていない。

しかし、反論されただけで不当に低い評価をされたと思い込んで、ダメ出しされたと言いだして、腹を立て始める。違う考えと丁寧に議論して意見を交わすことができない。自分の正しさに自信がないのか。考えの交換を冷静に行う訓練を受けたことがない。口喧嘩しか知らない。相手の非を鳴らすことしかできない。自分の考えが十分に練りこまれたものではないのだろう。自己の正当性を堂々と主張することができない。どうしたらいいのかわからないのだろう。

令和の世にあって、人はとてもいい加減に生きている。それはとても素晴らしいことであって、経済的な豊かさや長く続く平和が、つまらないポリシーに縛られなくてもいい状態を可能にした。極端に言えば、自分の考えなどなくたって生きていける。

この状態は、これからもずっと続いてほしいとさえ願うものではあるのだが、しかし、他人からの異見は、もう少し大切に扱ってほしい。ダメ出しされた、文句を言われた、などと言って、結局無視してしまうのは、どうかと思う。あまりにも幼稚な態度ではなかろうか。お互いに、より良い成果を出そうとしているのだから、その目標に向かって、違う考えを持つ同士が高め合えばいいではないか。

最低限、政治を預かる人間には、そのような態度を取ってほしくないのだが……。

「日本語の壁」

世界の言語の中で日本語は本当に難しい？

現在、日本で働いている外国人労働者は100万人を超えている。外国から来て働いてくれている人がいなくなったら、困ってしまう。日本も、ヨーロッパなどの国のような移民国家に変化しつつあるということだ。

たとえば、看護師さん、老人介護の仕事をしてくれる人を、インドネシアやフィリピンから招こうという動きは、しばらく前から盛んである。そのような国の人々が喜んでやってきてくれる。ありがたいことである。

ただ、それを、望ましいと思わない人々もいる。外国人が増えることで、職を奪われる、治安が悪くなる、と思う人々がいる。しかし、実態を調べればわかることだけれど、問題になることではない。たぶん日本人は、外国人がふだんの暮らしの中で隣人になることが、あまり好きではないのだ。

口では国際化、グローバリズムなどと唱えながら、それは日本人が海外に出て行くこと、海外の便利なシステムを日本に取り入れることに賛成なのであって、母語や肌の色の異なる人が家の近くを歩いていたり、電車に乗り合わせたりすることを、あまり歓迎していないようだ。

そのような人は、たとえば難民受け入れなどには否定的である。しかし、それは非人道的なことである。気の毒な人たちは、豊かで安全な日本のような国が保護してしかるべきである。単純に、来ないでほしいと言うわけにはいかない。で、その人たちが言い訳として持ち出す論理が「日本語の壁」である。

思い込みが壁をつくる

日本語はとても難しい。日本語は上手になれない。日本語ができないと日本の中で仕事を見つけるのが難しい。暮らしていけない。だから、来ないほうがいい。まるで親切であるかのように、彼らに言う。おためごかしである。日本人として納得して、良心の呵責（かしゃく）をおさめられる。

本当に、日本語の壁があるのだろうか。

アメリカに働きに来る非英語人は多いけれど、「英語の壁」などと言うアメリカ人を聞いたことがない。フランスもドイツも、言葉の壁を言うとは思えない。中国やアラブ世界のような、文字体系の全く異なる言葉の国でも、たぶん、言葉の壁を口にすることはない。それは日本だけのことじゃなかろうか。

日本人は、日本語が難しいと信じている。しかし、そんなはずがない。すべての言葉は同じに難しく、同じに易しい。考えてみれば当たり前のことだ。

私は、よく日本語の特徴について聞かれる。日本語は、日本人によってたいへん特殊であると信じられていることが、世界的にもたいへん稀な言語であると言えるのではなかろうか。

「うれしみ」

言い表せずにいた感覚を〝み〟で表現する

この頃の若い人は、「うれしみがある」などと言うらしい。聞いたことがなかったのだが、大学の授業中に確かめたら、皆うなずく。ほかにも、「あの子に会いたみ」などもあるという。

日本語が変化している。新しい語彙や用法が増えるということはめずらしくない。しかし、文法的変化が起きるのは、めずらしい。

形容詞を名詞に変えようとすると、最後の「い」を「さ」に変えるのがふつうである。「深い」「温かい」は、「深さ」「温かさ」になる。「さ」をつけることで、その程度を表すことになる。つまり、「深さ」は深度だし、「温かさ」は温度である。

形容詞を名詞に変えるのには、「さ」ではなく「み」をつける方法もある。「深み」とか「温かみ」になる。

ただし、「み」をつけて名詞に変えられる形容詞には、制限がある。「大きい」に「大きみ」はない。「ひどい」に「ひどみ」はない。なんでもできるわけではない。

形容詞の名詞化にあたって「み」ができるもの、できないものは、じつはまだわかっていない。文法学者がいろいろ考えているのだが、その規則は発見されていない。もし、読者諸氏のうち、これは、というアイデアが浮かんだ方は、編集部あてにお便りをいただきたい。もしそれがいいモノなら、私がこっそり学会発表する。

うれしい状態を楽しむ

「さ」がついた時と「み」がついた時で、何が違うのか。これはいくらか考えることができる。

「さ」の時は、その程度である。その程度は、大きくても小さくてもいい。「深さ」は、深くてももちろんいいのだが、浅くてもいい。「1センチの深さ」ということがありうる。

つまり、「深さ」は、深くなくてもいいのだ。「深み」は、そうはいかない。深くなくてはいけない。深いことによる味わいのようなものが感じられるのではなかろうか。

ちなみに、「甘み」や「旨み」の「み」に「味」という字を充てることがあるけれど、文法的な接辞なのだから、本当はひらがなの方がいい。

さて、若者の「うれしみ」。「うれしさ」ではないところに、彼らの言語感覚の鋭さがある。

うれしい状態を楽しんでいるのだ。「会いたみ」は、会いたいという気分を味わっている。強い気持ちがあるのではなく、どちらかといえば会いたいような気分である。その不安定な気分を楽しんでいるかのようだ。

従来「み」をつけられなかった言葉に「み」をつけることで、今まで言い表せずにこぼれ落ちていた私たちの感覚を拾い上げ、取り上げて、明示化する。

いつの時代でも、後生畏るべし。若者に期待できる。

「大器晩成」

一字変われば大違い

若いころはひきこもりでオタク、いわゆるニートだった。世の中とのかかわりは、パチンコ屋と本屋、喫茶店に行くことだけで、ほとんど家の寝床で時間をすごしていた。恐ろしいほどに無能で無力だったけれど、とても具合がよかった。

「世の中に寝るより楽はなかりけり。浮世の馬鹿は起きて働く」という小唄を覚えて喜んでいた。

しかしまあ、世間様に申し訳ないと多少思わないでもなかった。しかし、そのような罪悪感を解消するのに都合のいいのが大器晩成という言葉で、これを持ちだすと、今の自分は仮の姿であって、いつかは変身できる。世間様の前で堂々と暮らせるようになれると思えてくるのだった。

今でこそ仮の姿、いつかとびたつこともあろう。休めるのは今のうちだけで、そのうち休むこともままならなくなるほど、もてはやされるようになるのではないか。朝の来ない夜はないと信じて、自己憐憫の中にはまり込む。

ただし、いつになったら夜が明けるのか。晩成の晩とはいつのことなのか。問題なのは、晩とはいつ頃を指すのかということだった。

孔子の『論語』には、後生畏るべし、という言葉に続いて、40歳、50歳になっても世に出ないようでは、たいしたことにはならない、と書いてある。たいへん厳しい。だいたいそのくらいが晩成であって、少なくともそれくらいまでは、この境遇に甘んじなければならないらしい。もしも大器であるのならばの話ではあるのだが。

永遠に未完成であるということ?

ところが、この大器晩成というのは、ほんとうは違うのではないかという話がある。大器晩成は、紀元前500年ごろに中国で編まれた『老子』にある言葉である。ところが、馬王堆（ばおうたい）という紀元前200年ごろの古いお墓が発見されて、その中から、出来て300年後くらいの『老子』の写本が発見された。絹の布に書かれているので、帛書（はくしょ）という。今までの流布本よりもずっと古い。原書をずっと正確に伝えているに違いない。

ところがそこには、大器晩成ではなく、大器免成とあったという。「晩成」は、成熟が遅い、という意味であるが、「免成」は完成されない、という意味になる。すなわち、大きな器は、大きすぎるので、いつまでたっても完成されることがない、永遠に未完成であるということになる。

この考え方は、いかにも老子である。無限の大きさをもつものは、永遠に完成されることがない。幽遠である。

研究者の間でも、晩成と免成とどちらが正しいか議論があって、まだはっきりした結論が出ていないらしい。晩成なら怠け者の慰めになったのだが、免成では、一生うだつが上がらないという悲しい話になる。大器晩成であると自ら任じている人間の立場はたいへん危ういことになる。

「ブースター」

意味は推進器でもキャラクター名でもなく…

年を取ると、世間で使われている言葉で意味の分からないものに出会うことがある。というか、意味の分からない言葉が流通しているのに気づくと、おのれの老化に気づかされる。最近のそんな言葉のひとつが、「ブースター」。

この言葉の意味がすぐに分かる人は、もうこの稿を読まれなくてもよろしい。大変立派な現代日本人である。ポケットモンスターのキャラクターの名前であると思った方は、世情に通じていすぎだから、気を付けたほうがいいかもしれない。ポケモンのキャラでもなく、ジェットエンジンに付ける推進器のことでもない。

この秋、講演で数か所回って、そこのすべてで目にしたのである。初めは名古屋。次に松江。この間は仙台。どこでも、ブースターという言葉を見ることができた。

世間の中では比較的孤立した生活をしているので、たまに講演に出かけて、そこでいろいろな言葉に出会うのは貴重な機会なのだ。その3か所で目にすることができた。これはかなり流行りの言葉であるに違いない。

講演はたいていの場合、公共のホールとか、地元のホテルとか、人の集まる場所で開かれる。そういう場所の掲示板のような、案内板のような壁に貼ってあるポスターに、ブースターというのが登場する。

聞いてみたら、バスケットボールのファンのことであるらしい。

いつの間にか、バスケットボールのプロのリーグが日本にできていた。Bリーグという。調べると、B1とB2というのがあって、それぞれ全国に18チームずつ、計36チーム。ほとんど全国の大きな街に、バスケットボールチームが存在していることになる。

そうして、それぞれのチームを応援するファンクラブのメンバーのような人々、試合ごとに駆け付ける熱心なファンの集まりのことを、ブースターというのであるという。自発的ではなく、チームが率先して組織するところが、どこか胡散(うさん)臭い。

「ファン」では物足りない？

サッカーでＪリーグができた時、熱心な観客たちのことを、いつの間にかサポーターと呼ぶことになった。サポーターは12人目の選手であるなどとおだてられて、その気になって、遠く海外の試合にまでわざわざそれだけのために出かける人がいるらしい。旅行会社はさっそく商魂たくましく、ツアーを企画してお金を儲ける。

サポーターの時もそう思ったのだが、単なるファンのことを、わざわざ今までにない言葉で呼ぶ必要がどこにあるのだろうか。訊けばアメリカのＮＢＡに倣ったのだという。なんだか軽薄だねえと言っていたら、ある人が、じゃあ相撲の贔屓（ひいき）客をタニマチというのもおかしいではないかと言われてしまった。

ブースターはそのうち、バスケット選手たちにご飯をおごったり、衣装を贈ったり、コーチになった時の支度金などを提供するようになるのだろうか。

「潤い」

悟りに至るような美しい比喩

「潤い」という言葉について取材を受けた。化粧品会社だったと思う。さっそく調べることにした。「潤う」というのは、「湿る」や「濡れる」とは違う。どう違うか。

まず、「湿る」と「濡れる」の違いについて。

「湿る」は、水分がものの内部にまで浸透している。「濡れる」は、表面だけでよい。外に置いておいた自転車が濡れた、と言うけれど「外に置いてあった自転車が湿った」とは言わない。自転車は金属でできているので、水分が表面に留まる。身体は雨に濡れることがあるけれど、湿ってしまうことはない。

ここで「潤う」について考えると、「濡れる」より「湿る」に近い。「潤う」は、体の内部にまで浸透していく感じがする。ただ、「湿る」のはよくない結果を生みそうだが、「潤う」はそのようなことがない。

「潤う」を調べていたら、以下のような例が見つかった。

観智院本三宝絵詞（さんぼうえことば）という、仏教の入門書が10世紀に作られている。そこに、〈仏は一音に説き給へれども、衆生はしなじなにしたがひてさとりを得る事、雨は一の味にてそそけども草木は種々に従ひてうるほひを得るがごとし〉とある。

仏の言葉は一通りであるが、それを学ぶ人々は、それぞれの事情に応じて悟りを得ていく。

それはまるで、天からの雨が一通りの水にすぎないものであるのに、草や木はそれぞれがそれぞれの仕方で潤うようなものである、という。

大変美しい比喩である。草木が潤うのは、人々が悟るのと同じであるという。悟りのような幸せな体験と同じように、潤いというのはある。逆に言えば、潤うことは、悟りに至るような大切な糧のようなことであるというわけだ。

13世紀に既に使われていた言葉

内面に深く浸潤して、その内面から行動を変えていく。悟りを養分として、日々を生きていく。とても素敵な生き方であるように思う。

ついでに、「うるうる」という擬態語は、この「潤い」から派生したものであるらしい。少女漫画などで、泣きべそをかいている少女の目が、ウルウルするなどと描かれていて、最近の言葉かと思っていたら、13世紀に既に使われていた。

「うるかす」というのがあって、固くなってしまった干物の魚などを水分につけ込んでおいて柔らかくするという調理法なのだが、これも、「潤い」から派生して、方言として使われている。

言葉についていろいろと調べていて、頭もなんだか潤っていくような気がするのは、私だけだろうかしら。

「すみやかに」

車内アナウンスの〝あのひと言〟

東海道新幹線に乗っていて、名古屋に近づくと、「名古屋に到着いたします。到着後、すみやかに発車しますので、お降り遅れないよう…」というアナウンスが流れるようになった。

以前はなかったと思う。「あまり停車時間がないことは、前もって言ってくれなくちゃ困る」などと、降りそこなった客から文句を言われたのだろうか。

注意を喚起するのは悪いことではない。しかし、「すみやかに」が気になる。「すみやかに」というのはあまり聞き慣れない。車内アナウンスとしても、なんだかすわりがよろしくない。なぜ、「すぐに発車します」と言わないのか。ある人は、なんだか怒られているようだ、と言った。たしかに、「グズグズしてんじゃねえよ、このノロマ!」と言われているような気がしないでもない。言葉として強すぎる。

「すぐ」を使わない理由がわからない。遅くなってまだ降り遅れているわけではないのに、最初から決めつけられて、上から目線で叱られているような気分になってしまう。

ある朝、大阪へ行くために、のぞみに乗っていた。相変わらず、新横浜でも、「すみやかに発車しますので…」と言っている。何がイケナイのかなあ、と考えていて、それで終わったのだ。

しかし、その夜、大阪から帰る上り線に乗っていて、「まもなく新横浜…」と始まって、「到着後、すぐに発車しますので…」と言いだした。あれれ。何があったのだろう。一日のうちで車内アナウンスを替えるということがあるのだろうか。

不向きな日本語?

家で調べた。「すみやかに」は、法律用語として、使い方のルールが決まっているらしい。有斐閣が発行する法律用語辞典によると、「すみやかに」は、同じく時間的近接性を示す「直ちに」「遅滞なく」に比し、中程度の切迫性を求めるもので、「できるだけ」「できる限り」などを付けて、または、そのままで訓示的な意味で用いられる、とある。法律学でそんなに厳密に考察されていることは知らなかった。

そうなのだ、法律用語的なのだ。話し言葉というより、書き言葉なのだろう。かつて「すみやかに」は、漢文訓読に使われる言葉だったという。堅いイメージがある。車内アナウンスには不向きなのだ。

それにしても、一体誰が、あの車内アナウンスを考えたのだろう。どういうつもりで「すぐ」と言えば済むものを、「すみやかに」などという特殊な言葉を引っ張り出して使うようにしたのだろう。その会議に立ち会いたかった。

#「〝そだねー〟」

氷上の戦いに教えられた民主主義の奥深さ

少し前の平昌オリンピックは、女子カーリングに夢中になってしまった。

彼女たちの魅力は、たぶん、ふつうの女の子たちのよさであろう。キャッキャして騒いでいるそこら辺の女子高生とあまり変わらない軽さがある。楽しさや健全さを感じさせる。そうして、あの北海道独特のアクセントで発せられる、「そだねー」という声。いかにも仲が良さそうで、聴いていて邪魔にならない。

しかも真剣なのだ。

一投ごとに思わず考え込んでしまう難解さがあって、まるで将棋の名人同士の対局を見ているようでもある。きわめて知的。そうかと思うと、「もぐもぐタイム」。お腹をすかせた子どもたちがはしゃいでいるような、なごみの時間。

カーリングは大変特殊なチーム競技である。次にどのように石を滑らせるべきか、チームで決める。相談する時間がある。そこが、ふつうの競技と全然違う。しかも、その協議の様子が、すべてマイクで拾われる。ある集団がどのような決定をするか、その過程が公開される。そこがたまらなく面白い。

対戦国には、スキップと呼ばれるリーダーがいた。彼女が、強さや方向、置かれる石の場所を考えて決めているように見える。大声を出して、仲間たちに指示をする。仲間たちはそれに従う。

強いリーダーと、有能な部下たち。うまくいけば彼女の功、失敗すれば彼女の責任。重責とプレッシャー。はりつめた緊張。しかし、日本チームはあまりそれを感じさせない。その秘密が、「そだねー」にある。

その場の空気と呼吸で決める

「そだねー」は、あなたの意見に賛成した、その意見は正しいと思うという表明ではない。

あなたの意見は聴いたよ、というあいづちにすぎない。だから、「Aじゃないかなー」と誰かが言って、「そだねー」と答えたさきから、「でも、Bかもー」に「そだねー」と言える。「Cだと思う」に「そだねー」で構わない。完全に無責任なのだ。

日本人は相談をするけれど、議論をしない。いくつかの案の良し悪しをきちんと検討しない。皆で意見を出し合うだけで、あとはその場の空気、呼吸で決める。皆の気がすめばいい。

納得できることが大切なのだ。お互いがどんな考え方をして、どんな感じ方をするかは理解しあっている。考えそのものではなく、誰がどんなふうに言ったことなのかが、大きな決定因になっている。

外国チームはスキップの独裁のように見える。日本人は皆で決めている。これが民主主義でいいと思っている。しかし、世界を見ていると、民主主義はもっと深刻で責任の伴うものであるらしい。女子カーリングを見ていて、学んでしまった。

「井の中の蛙」

大海の広さを知らずとも空の蒼さはわかる

井の中の蛙というのは、身の回りの狭い世界の中のことしか知らないのに、自分がとても賢く偉くなったかのように錯覚してしまっている人のことを言う。中国の古典、荘子にある言葉である。

君は自分ではとても賢くて偉い人間だと思っているかもしれないが、世の中は広くて、君より立派で頭のいい人はいくらでもいる。世界は自分が生きている世界だけではないのだよという、大変ありがたい教えである。

教師はしばしばこの過ちを犯しやすい。世間の人は、「先生、先生」と呼んでくれて、表面上は敬意を表してくれる。

教室に入れば、教師は独裁者であるから、学生はみんな言うことをおとなしく聞いている。自分の言うことだけが正しくて、世間の意見や、マスコミの論調など、散々馬鹿にしても、黙って聞いてくれる。

すっかり調子に乗って、自分ほどこの世界のことをよく知っていて、理解し、きちんと正確に分析できる人はいないのではなかろうか。自分以外のたいていの人は愚か者であると信じるに至る。

しかし、そんなようにしていても、ある日ふと気づいてしまうことがある。少しでも本を読んでいて、特に古典などを読んでしまうと、人類史上にはとてつもなく賢い人たちが星の数ほどもいることにいやおうなく気づかされる。おのれがその中でも最底辺に属することを思い知らされる。

たいていの人は自分より頭がいい。数段聡明である。自分はつくづくと怠け者であり愚か者であり、すっかり自信を喪失して、自己嫌悪の泥沼に陥らざるをえない。井の中の蛙とは自分自身のことであったと思い知るのである。

井戸の上に広がる空を見よ

しかし、そんな人間にも救いの言葉がある。「井の中の蛙」には、続きがあった。井の中の蛙大海を知らず、されど空の深さを知る、という。荘子より後の誰かが勝手に付け足したらしい。

すべての人は皆、それぞれ井の中の蛙である。

自分の身の回りのことしか知ることができないし、必死になって知ったこと、気づいたことを集めてまとめて、そのほんのわずかな材料から、世の中を判断せざるを得ない。大海はこの壁の向こうに広がっているのかもしれないけれど、それを知っている人など、お釈迦様でもない限り、たぶん一人もいやしない。けれど、ぼくらには狭い井戸壁の上のまぶしい空の蒼さは見えている。その美しい光だけは見ることができる。あの高い空を知っているから、高い志は持つことができる。

せめて、そのように思うことが、蛙のできる精いっぱいのことなのだろう。

「まじまんじ」

日本文化の本質「あわれ」に通じる若者言葉

最近の言葉のはやりすたりのスピードは速いから、この号が出る頃、女子高生からは、もう古いと馬鹿にされるに違いない。それでもオジサンは、彼女たちの憐みの視線にもめげず「まじまんじ」を取り上げることにする。

「まじまんじ」というのは、「マジ」を強めた形であるだろうと思われる。つまり、「マジですか」「マジおいしい」「マジ死にそう」などという「マジ」に、もっと勢いをつけたかったのだろうと思う。

いつの時代であっても、若い人は、心が動かされやすく、物事について容易に強く感じやすい。彼らは経験が短いから、大人のように感性の触角が鈍ることもなく、硬直していない。赤ん坊のように皮膚が敏感にできている。乾燥していない。柔らかなままなのだ。そのような不定形の新鮮な心を持った人にとって、世の中のことは、見るもの聞くもの、深く心を動揺させるものばかりである。だから、箸の転がるのを見ても笑い転げ、目が合ったからと言ってむかっ腹を立てて暴力沙汰に及ぶこともする。

したがって、若者言葉には、びっくりしたこと、感極まったことを表す言葉がとても多い。「すごい」とか「やばい」とか「ちょー」とかは、若者の間から生まれてきた表現である。

もののあわれを感じること

そうして、その今のバージョンが「まじまんじ」であるのだろう。

ただ、この言葉が今までと違う点がある。これには動作が伴うのである。両手を交差して、指をひらひらさせる。筆者はそれをうまく言語化できない。真似をしたら嗤(わら)われた。読者諸氏、身近な若い女性にたのんでやってもらうといい。歌もついているというが、まだ聞いたことがない。

肝心の意味なのだが、プラスの価値だけでなく、マイナスの価値のものについても使えるらしい。面白かったというだけでなく、ひどくつらいとか、とても嫌いだとかでもいいという。要するに、心動かされた、ということの表明が、「まじまんじ」である。

ここで想起されるのは、「もののあわれ」ということである。日本文化の本質は、物事を分析したり理解したりすることではなく、もののあわれを感じることであると古人が書いている。

「あわれ」というのは、「ああ」とか「あれあれ」などという感嘆詞からできた言葉であり、つまり心が動かされた時に思わず発せられる言葉なのだが、これは実に、「かっこいい」とか「かわいい」とか「やばい」とか「まじまんじ」にほかならない。

現代の若者は、日本文化の古層からちっとも離れていない。まじまんじである。

「て」

魚河岸（うおがし）〝築地方言〟の粋な言葉

魚河岸は昔、日本橋にあって、江戸っ子の本場のような場所だった。

今は築地にあって、外国人観光客でにぎわっている。ふつうの人が行くと、にぎやかさを通り越して、大騒ぎをしているような場所で、蹴飛ばされそうで怖い。邪魔になりこそすれ喜ばれることはないだろうと思うのだが、それでもツーリズムと共存できているらしい。

それにしても、古い伝統のある場所である。

一般に、長い歴史のあるところは、特殊な言葉が符牒のように使われていることが多い。

ただし、それは、大相撲にしろ、歌舞伎にしろ、仕事としてはひとつである。同じ職業集団に属する人々の間で、他では通じない言葉が通用することは珍しくない。

そして、築地にはそういう言葉が多いという。築地は市場であり、場所に過ぎない。魚卸しの人たちだけかというとそんなことはなくて、刃物屋さんもいれば本屋さんもある。市場の空間を一歩外に出たら通じなくなる。

その空間に属する人たちの言葉遣い、それはむしろ築地方言といっていいものかもしれない。

そこで例えば、「芸者の頭」というのがある。「近頃はすっかり芸者の頭だ」などと使うらしい。何の意味かというと、芸者さんは島田に髪を結っていた。それで、「芸者の頭」は、すなわち「島田」ということである。で、「島田」は、「しまだ」というわけで、この「し」が、江戸っ子にとっては、「ひ」なのである。つまり、「芸者の頭」というのは、「暇だ」の意味になる。「暇である」と直接に言うのは憚られるので、洒落て、「芸者の頭」と言うようになったらしい。築地でも若い人たちには通じないかもしれない。

一朝一夕に生まれない

「て」というのがある。箱や正札に「て」と書いてある。卸しの人だけでない。寿司屋さんの木札にも、アナゴや赤貝と並んで「て」というのがある。

「て」とは、タイのことである。いかにも江戸っ子である。「食べたい」というのを江戸っ子は「たべてえ」と発音する。「親分大変だあ」は、「親分てえへんだあ」になる。アイ音はエー音に変わるのが、江戸の言語法則である。

寿司屋に入って、「て」と書いてあったら、その意味を聞かずに、「てえ、ちょうだい」と言ってみるといい。にわか通人ぶることができる。おいしいタイを握ってくれる。

こういう符牒は、一朝一夕に生まれるものではない。しかも場所に根付いている伝統文化である。いつになるのか、いずれ市場は豊洲に移転する。このような言葉も一緒に、そのまま移転されるのだろうか。

「乾物屋」

見当のつかない「かんぶつ」の存在

ＡＩ（人工知能）というものができて、私たちの就く職業が様変わりするのではないかといわれている。しかし、そんなことをいわれる前に、すでにいろいろな仕事が無くなってきている。

落語などを聞いていると、昔は鋳掛屋とかラオ屋（キセルの手入れをする職人）などという仕事があって、街々を歩いて、道端で仕事をしていたものだという。そんな昔でなくても、たとえばお菓子屋とか本屋、魚屋や肉屋、電気屋も、個人営業の店は消えかかっていて、それはスーパーとかコンビニの浸透と反比例している。

そこで、我が家のそばの商店街で、消えかかっている店があるのを見つけて、それが乾物屋だった。
ちなみに、学生たちに聞いてみると、乾物屋を知らないという。何を売っているのかわからない。「かんぶつ」というのが見当のつかない物らしい。

乾物屋は各町に一軒残っている。たいてい個人商店である。

干物や昆布、鰹節などを売っている。近所の店は間口が案外広い。お客が入っているのはほとんど見たことがない。どうしてやっていけるのかわからないけれど、たぶん三代前ぐらいからの店で、持ち家だから売り上げがなくても構わないのだろう。壁に昭和を感じさせるポスターが貼ってある。店主が一人でぼんやり商店街を行きかう人の流れを見ている。

こういう店が無くなりつつあるのは、スーパーやコンビニの影響もさることながら、何より、手軽にできてしまう出汁の素とかインスタント食品の発明普及によるのではなかろうか。

日本の食生活を支える絶滅危惧店

しかし、絶滅危惧種なのである。救いの手を差し伸べたい。私にできることは何か。思いついて、豆を買いに行くことにした。

豆は煮たのを売っている。しかし、家で煮豆を作ってみたい。時間をかけ、材料に凝って、砂糖をいいように加減して、コトコトとふっくらと、素敵な煮豆を作りたいではないか。これは趣味的で、いかにも隠居臭がして、粋だ。

数十年、その前を通っていたけれど、生まれて初めて入る店である。新鮮極まりない。噂によると、店主はかつての慶應ボーイであるらしい。甲子園にも行ったことがあるとか。なんだかわからないけど、凄いんだよと聞いていた。

いろいろ教えてくれた。最初は金時豆から始めた。今は黒豆作りに挑んでいる。料理研究家の土井勝さんが、黒豆を煮るときにはさび付いた釘を一緒に入れるといい、というのを聞いていたのだが、店主によるとそんなことはないという。

どちらが正しいのか、じつはどうでもいいのだ。今のうちに、少し話をしてみたかったのだ。

「パリピ」

実用的でセンスが光る新たな外来の縮約語

外国で使われている言葉を日本語に取り入れて、外来語としてふだん使える言葉にしようとする。なるべく原語に似た形にするというのが原則である。

しかし、日本語と外国語は、そもそも音が違うので、まったく同じになるというわけにいかない。取り入れた時期によって、変形の仕方が違う。

以前は、耳で聞いた音をそのまま日本語の中に取り入れて、外来語にした。代表的なのは、メリケン粉である。メリケン波止場というのもある。この「メリケン」は、英語を耳で聞いた人がそう受け取って取り入れた。ＡＭＥＲＩＣＡＮのＡの部分が聞こえにくくて、メリケンになった。

「プリン」もそれで、原語ではＰＵＤＤＩＮＧである。ＤＤＩの部分が「リ」に聞こえたのだろう。

このように、耳で聞こえた言葉をそのまま外来語にしてしまうのは、怪しからんのではないかという意見が出てきて、特に、英語教育の先生たちは、音の通りでは英語学習の邪魔になる、原語のスペリング通りにした方が英語のお勉強にも有益だろうと考えた。

聞こえよりも、見た目を重視することにした。

それで、以前ならメリケンコーヒーと言うはずだったのが、アメリカンコーヒー、と言うようになった。

プリンではなくスペリングを尊重すればプディングだったとわかったのだが、何を思ったか、より本格であると言いたかったのだろうか、お菓子のプリンとは別物の、なにやらおしゃれな食べ物として、プディングというものが売られるようになった。元はひとつなのだが、日本では二つの別物になってしまった。

聞こえたまま外来語にする

そこでパリピ。縮約語であり、元は、パーリーピープーである。で、英語教育に合わせると、パーティーピープル、となる。キャンプの花火とかハロウィンとか、とにかく集まってワイワイ騒ぐのが大好きな、軽薄極まりなく、しかし陽気で元気な若者たちのことを言う。

ここ数年の新語である。だから、英語のスペリングに則って外来語として取り入れなくてはいけないはずなのだが、そのお勉強臭を嫌ったのだろうか。少なくとも、パリピと呼ばれる連中は、お勉強が好きそうには見えない。誇り高き劣等生たちである。そこであえて、パティピとせずに、パリピと自称する。言葉のセンスがとてもいい。

しかし、よく考えてみると、スペリング通りに外来語にするよりも、聞こえたままに外来語にした方が、英語として通じるのではなかろうか。受験には役に立たないが、とても実用的である。

「忙しい」

言葉に潜む仕事・時間・能力の三角関係

たまに会う人に、「お忙しいでしょう」と言われる。あいさつ代わりであろう。もし、忙しいことを気の毒に思っているのであれば、そうは言わないに違いない。「お気の毒です」とか「大変ですね」など、いたわり的な言葉をかけてくれるはずだ。

「お忙しいでしょう」には、不幸せを共有しようとする同情の気持ちがまったくない。お世辞とかヨイショとは言わぬまでも、「ご活躍ですね」と同じように、相手への誉め言葉を述べ、喜ばしいこととして相手をうやまっているつもりなのだろうと思う。

仕事を依頼してくる人も「忙しいでしょう」と言ってくる。もし忙しいことが良くないこと、可哀想なことであるならば、さらに忙しくさせるような、仕事を増やす話を持って

おそれいりますが
切手を
貼ってください

1 0 1 - 0 0 4 7

東京都千代田区内神田1-13-1-3F

暮しの手帖社 行

書 名	あなたの日本語だいじょうぶ?	
ご住所 〒 — 電話 — —		
お名前	年齢 歳 性別 女 ／ 男	
メールアドレス	ご職業	

アンケートにご協力ください

本書をどちらで購入されましたか。

・書店（　　　　　　　　　　　　　　　　　）
・インターネット書店（　　　　　　　　　　）
・その他（　　　　　　　　　　　　　　　　）

本書の感想をお聞かせください。
（小社出版物などでご紹介させていただく場合がございます）

雑誌『暮しの手帖』はお読みになっていますか。

・いつも読んでいる　・ときどき読む　・読んでいない

今後、読んでみたいテーマは何ですか。

ご協力ありがとうございました。

アンケートにお答えいただいた個人情報は、厳重に管理し、小社からのお知らせやお問い合わせの際のご連絡等の目的以外には一切使用いたしません。

くるはずがない。

忙しいことは、いいことなのか。喜ばしいことか。望ましいことか。人として、あらまほしき姿であるのか。今や老齢にさしかかり、景気も良くないのだし、仕事があるだけでもありがたいのだから、こんなことを言うと罰が当たるかもしれないけれど、私は忙しいのは嫌いだ。できるだけ逃げたい。ズルをしてでも避けていたいという日々をすごしている。

「忙しい」というのは、「急ぐ」という言葉から来ていると考えられる。なぜ、忙しいのは、急ぐのか。与えられた仕事量に対して、それに費やすことのできる時間が少ないのだ。だから、なるべく短時間で片付けていかなければならない。急がなければならない。

暇であるが「忙しい」

したがって、限られた時間内に多くの家に配達物を配らねばならない宅配便のドライバーさんは忙しい。大勢の患者さんの呼び出しにこたえて病室に駆けつけなければならない看護師さんは忙しい。

幸い、私はそのような、緊急切迫した大切な仕事に就いているわけではない。あってもなくてもいいような、社会経済の上澄みに浮かんだあぶく玉のような立場で、身すぎ世すぎをしているにすぎない。なるべく多く休んでいられるような、そのようであっても、あんまり他人様に迷惑をかけなくてすむような仕事を選んだのだ。怠け者なのだ。暇であることが大好きな人間なのだ。けれど忙しい。

そんな人が忙しくしていると、自分の能力不足を証明することになる。私のこなすべき仕事が、時間に比べて多すぎる。あれもこれも素早く片付けられないのは、能力と時間が足らないのだ。忙しいとすれば、私が無能であるからだ。

あるいは、下っ端で、命じられて働かされているからだろう。仕事が多すぎるのに断ることのできない、弱くて低い立場だからだ。

多くの人が昇進を望むのは、偉くなると、それだけ暇な時間が増えるからにちがいない。「お忙しいでしょう」と言われて、いつか、「いやあ、暇で困っています」と言えるようになってみたい。

「気もい形容詞」

縮約の法則から外れた〝むずい〟新日本語

日本語の形容詞が、崩れ始めている。

形容詞とは、語尾が「イ」で終わり、名詞を修飾することを本務とする言葉である。「痛い」「熱い」などの短い形容詞が、「痛っ」「熱っ」と叫ぶのは以前からある。「アウチ」とか「アイヤー」とか叫ぶ英語人、中国語人に比べて、危機的な状況を瞬時に分析的に判断し、表現する日本語人は、とても理知的なのではなかろうか。これが若者たちの間では、「高っ」「広っ」というふうに、「とても高い」「広くて驚いた」という時に使われるようになっていることも、以前、本連載で書いた。

形容詞の語尾「おい」「あい」が「えー」に変化するのは、以前からあった。「すごい」

は「すげー」になり、「うまい」は「うめー」になる。「うい」は「いー」になって、「悪い」は「わりー」、「明るい」は「あかりー」になる。

どちらかというと乱暴な男言葉だと思われていたが、最近の若い女性は平然と、「マジやべー」などと言う。

「かっこいい」は「かっけー」になって、「おいい」が「えー」になってしまっている。この変化があるので、「本田△」が、とても上手で洒落た表記ということになる。「本田△」がわからない読者諸氏は、この言語変化についていけてない。※

さらに、語尾が省略されて短くなる現象がある。「〜かしい」という形容詞は、「かし」が消えるのだ。「難しい」は「むずい」になる。「恥ずかしい」は「はずい」と言う。

言葉の変化には理由がない

ただし、「愚かしい」が「おろい」にならず、「小賢しい」が「こざい」にならないのは、「愚かしい」とか「小賢しい」の語彙が若者には使われないからだろう。そのうちに「古めかしい」が「ふるめい」になり、「奥ゆかしい」は「おくゆい」になってしまうかもしれない。すると、新日本語はかなり「むずい」ことになる。

さらに、「きしょい」は「気色悪い」の縮約形であり、「きもい」というのは「気持ち悪い」を短くした形である。「悪い」が消えてしまう。否定的な意味を表す部分は決定的であって、意味が全く分からなくなってしまうだろうと思うのだが、言葉の変化には理由がない。

「きしょい」が「気色いい」の短い形でないのは、「気色いい」があまり一般的な語彙ではないからかもしれないが、「きもい」なのだから「気持ちいい」を短くしたのでもいいだろうと思う。

しかし「きもい」はなぜか「気持ち悪い」であるという。「気持ちがよかった」は「気持ちかった」であるらしい。

※△＝三角形→「さん、かっけー」

「高輪ゲートウェイ駅」

カタカナ6文字の謎

ゲートウェイと言うのがわからない。どこかへの出入り口のことなのかなぁと思っていたら、そもそもはコンピュータの用語であるらしい。パソコンのネットワークがそれぞれあって、それらを繋げる役目をするのがゲートウェイと言うものらしい。つなぎ目である。

それがどうして駅の名前になるのだろうか。

「高輪」だけでは、なぜいけなかったのか。すでにどこかの路線に「高輪」というのが使われていて、それで名づけられないのかと思っていた。「浦和」の周辺には新しくつくった駅に、「武蔵浦和」とか「中浦和」とか、本家や元祖が入り乱れているような駅名がある。

てっきりそのたぐいだと思っていたら、そんなことは全然なくって、京浜急行の「高輪」駅は、ずいぶん前に廃止されていた。今、「高輪」と名乗っても、何の不都合もない。

町村合併でできた町の名前は、大変わかりにくい。特に山梨県は、「甲斐市」「山梨市」「中央市」「甲州市」が「甲府市」と並んであって、どれがどこやら、まったくわからない。塩山(えんざん)や勝沼などの地名が市として残っていない。悲しい。憐れでさえある。

それはともかく、かつての栄光の国鉄の伝統をひく山手線の駅名は、基本的に地名であるべきなのだ。例外的に東京駅がある。東京駅は、丸の内とか八重洲とかの方がいいけれど、しかし、東京を名乗ったほうが地方の人にはわかりやすい。大阪はその中心街である梅田に大阪駅があるのだが、そばに私鉄などの梅田駅もあって、初めての旅行者は混乱してしまう。

独特な命名センス

駅名は周辺の施設名を使う方がわかりやすい。だから東京メトロは「日本橋室町」を捨てて「三越前」を名乗る。東急も、「碑文谷(ひもんや)」とか「鷹番(たかばん)」などのとても素敵な名前を顧みずに「都立大学」「学芸大学」と言うことにした。

しかし、JRはその品格を頑固に守って、東京ディズニーランドのそばにあって、ずっとずっとわかりやすいにもかかわらず、「ディズニーランド前」などとおもねることをせず、地名である「舞浜」と言ったではないか。その気概はどこへ行ってしまったのだ。高輪ゲートウェイ第二小学校とか、高輪ゲートウェイ警察署などというものができてもいいのだろうか。

おもえば、「E電」という不思議な名前を一般化させようとしたのがJRだった。命名のセンスがあいかわらず独特である。

近い将来、人々が一般的に口にするとき、「ゲートウェイ」の部分が省略されるのは目に見えている。だから、あまり目くじらを立てることはないだろうと思うのだけれど。

「負けず嫌い」

素直に「勝ち好き」と言おうではないか

「負けず嫌い」は、間違った日本語だと言われることがある。負けず、というのは、負けない、ということだから、負けず嫌いは、負けないことが嫌いだということになって、負けたら嬉しいことになってしまい、その本来の意味とは真逆のことになる。だから、負けず嫌いではなくて、「負け嫌い」と言わなくてはならないという。

ま、そうなのだ。間違った言い方なのだ。どうしてそうなったかはよく分からないのだが、「雨が降らない前に洗濯物を取り込んでおく」など言ってしまうように、言いたいことを先走って言ってしまって、論理的には破綻してしまうことがままある。

負けるのが嫌だ。負けたくない、という思いが強いあまりに、つい、負けず嫌いと言ってしまう。

「負けじ魂」などという言い方がある。辞書は、そういう言葉からの類推による誤用という。

それにしても、負けず嫌いというのは、なんとなく気に入らない。負けたくないということは、勝ちたいということだろう。であれば、素直に、勝ち好き、と言ったらどうだろう。

勝ちたいと思っていると言うほうが積極的ではなかろうか。最近のはやり言葉では、ポジティブシンキングと言ったりする。

負けたくないという気持ちと、勝ちたいという気持ちは、違うのだと言うひとがいる。

生意気として疎まれる不思議な言葉

負けたくないと思っている人は、勝ち負けの戦いに臨んで、負けたらどうしよう、恥ずかしい、面目ない、応援している人に申し訳ない、だめである、などと考えてしまう人で、いかにもひと昔前の日本のオリンピック選手のようである。それに比べて、欧米の選手たちは勝ち好きで、試合の前に、これに勝ったらどんなに嬉しかろう、どんな栄誉や報酬があるだろうか、バラ色の未来を想像してゲームに臨むと言われたものだ。

ずいぶんノー天気だと呆れてしまう。そんな人ばかりでもなかっただろうとは思うけれど、しかし概ねそのようだったらしい。

負けず嫌いと言うと、涙とか汗とか悔しい気持ちとか残念な気持ちとかが先立っていて、悲劇的でさえある。苦節数十年、さまざまな努力を重ねて、人に言えない忍耐を重ねて、やっとたどり着いた成功のゴールという感動物語を思い浮かべてしまう。

しかも日本では、負けず嫌いは悪い性格だとは思われていない。むしろ勝気のほうが生意気として疎まれる。不思議なことだ。

藤井聡太君とか大坂なおみさんとかを見ていると、「負けず嫌い」というふうには見えない。負のイメージがない。その新しさが彼らの人気の原因なのだろう。

「アポ電強盗」

時代が変わっても増えてほしくない新言葉

ワイドショーを見ていたら、アポ電強盗というのがあるらしい。

アポは、アポイントメントの略で、言葉通りとするなら、前もって会う約束をする強盗である。そんなまぬけな強盗がいるものか。それに引っ掛かる被害者がいるはずがないではないかと思っても、そういう事件が実際に起きてしまうのだから、困ったことである。

狙いをつけた老人宅に、金融業者などを装って電話する。現金が家においてあるかどうか、ある時間に家に一人でいるかどうかなどを、前もって巧妙に聞き出す。そうしておいて、家に入り込む。人を脅す。気の毒なことに殺されもする。

その凶暴性に比べて、名前が間抜けなところがいただけない。

同じパターンの犯罪の手口が増えると、それにふさわしい名前が付けられる。「オレオレ詐欺」というのは、そのようにして出来た言葉だ。

「オレオレ」というだけで、名乗らない。日本の家族同士の会話では、いちいち名前を言うことがない。

だから、電話を受けた人は、思い当たる心当たりの人間であると勝手に思い込む。そのあたりの日本文化の特徴を巧みに利用している。命名の仕方も具体的でわかりやすく、命名という点だけからすれば秀逸であるといえる。

無くなってほしい言葉

しかし、アポ電強盗は手口だけを真似て、しかも暴力的に強盗する。「オレオレ」はグループを組むけれど、暴力は振るわない。アポ電は、する側にも相当なリスクが伴う。しかし強行する。

「オレオレ」は、寂しい老人の気持ちの陥穽(かんせい)につけ込む。それで、ついついだまされる。言葉一つでだますのだから、相当賢くなくては出来ない。詐欺師は知能犯で、洗練されている。「オレオレ」の温和な方法にしびれを切らした悪者どもが、もっと手っ取り早い手段を考えた。乱暴である。粗雑である。

しかも、それをしているのが、「半グレ集団」であるという。また新しい名前の悪者たちが出現した。ヤクザではないらしい。

しかし暴力団にとても近い人々で、徒党を組んで悪事を働くのだという。ヤンキーよりも悪質。なぜ暴力団と言わないのかわからない。いつか歌舞伎役者とケンカしてニュースになったのが半グレ集団だった。

半分愚連隊、というのと、グレイ、すなわちクロではなく曖昧な連中、というような意味合いで、ジャーナリストの溝口敦氏が命名したという。

時代が変わると次々に新しい言葉が生まれてくる。それは仕方がない。しかし、アポ電強盗とか半グレ集団とか、悪事にまつわる言葉は増えてほしくない。言葉の研究者としても、全然嬉しくない。無くなってほしい。

#「万葉集」

元を辿れば中国文明に行き着く日本の古典

今回は少しお勉強。「令和」が万葉集から採られたということで、万葉集の本が売れたことがあった。これを機会に日本の古典に親しむ人が増えることはいいことだと思う。しかし、知っていてほしいことがある。

万葉集が成立したのは一説として759年と言われる。文字が日本に渡来したのが538年のこと、その200年後のことである。

6世紀まで、日本語には文字がなかった。無文字社会である。中国から、文字というとても便利なものが伝わった。無文字社会の日本人は、それによって自分たちの言葉が表記されたことで、びっくりしたに違いない。それまでの私たちは、言葉はすべて暗唱して覚えるしかなかった。

ところが、記憶しなくていいのだ。しかも、正確に再現されてしまう。カメラやテープレコーダ以上に便利に思えたに違いない。

中国では、それまでにもインドの言葉を漢字で表すことをした経験があった。日本語に接した中国人は、その音をどのようにしたら漢字で表せるかを工夫し、それを日本人に教えてくれたのではないか。自分の言葉が文字になった。嬉しかっただろう。当時の日本の指導者層はさっそく活用して、古事記や日本書紀、風土記を作った。

その時代、民間ではさまざまな歌が口伝えで流布していた。素敵な言葉、美しい言葉、心を動かされる言葉があって、それが詩のリズムで歌い継がれていた。これを集めて文字に表すことにした。それが万葉集である。

仲春令月にして時和し気清し

口に出して唄われている日本語を文字で表すには漢字しかないが、漢字にはどうしても意味がつきまとってしまうので、かえって邪魔になる。そこで漢字から意味をそぎ落として、カタカナやひらがなが工夫された。

しかし、散文であれば、中国語を使って意味を表せばいい。歌の部分は、純然たる日本語だから難しいけれど、序文や但し書きの部分は漢文が使える。

「令和」のもとになった箇所は、序文の部分である。そこは特に格調高く書かれなければならない。教養を示さなくてはならない。

お手本に読んでいた「文選（もんぜん）」の中にある張衡（ちょうこう）の詩〈仲春令月にして時和し気清し〉から「初春の令月にして、気淑（よ）く風和（やわら）ぐ」を書いた。

中国の古典がもとになっていることは、当時の日本を考えれば仕方ない。むしろ当然のことなのだ。少し気のきいたことを言おうと思ったら、中国文明に頼らざるを得ない。それは恥ずべきことでもなんでもない。これを機会に、日本文化がどれだけ隣国の影響を受けているかを考えるのがいい。

「気分」

何となく世間に申し訳ない「気分」

地方に出かけるときに、弁当を買う。食べきれなくなる。もったいないが、卵焼きをまるまる残す。このまま持って歩くわけにもいかないので、列車のゴミ箱にそのまま捨てることになる。飢餓で困っている人々が世界にはたくさんいる。食品ロス。申し訳ない。罪悪感。

偉い先生のお話を聞きに行く。一日の仕事の後、温かで気持ちのいい大部屋。お話は佳境に入って、講師もいよいよノリノリになっていることはわかる。しかし、思わず知らず眠気に襲われる。うまい具合にマスクもしている。バレることもないだろうと、あくびをする。失礼極まりない。申し訳ない。

罪悪感。

こういう時に使うのが「罪悪感」である。誰かに謝りたい気持ち。イケナイことをしてしまっている気分。

それがどうも違うらしい。

最初は、「こんな甘いスイーツをお腹いっぱい食べると、思わず罪悪感」、というのを聞いた。誰にも言わず誘わず、一人でこっそりおしゃれなカフェでケーキを食べてしまう。それで申し訳なく思うというのは、なかなか殊勝なことだと思ったら、そうではないらしい。健康的な材料で出来ているラーメンだから、朝から食べても罪悪感をもたなくていい、と宣伝しているＣＭがあって、朝からふつうのラーメンを食べることは犯罪なのであろうかと思ったら、そうではないのでよかった。

自分で決めた戒律に照らして

人はふつう罪悪感を持つときには、世間の決まりに違反している、あるいは誰かに対して謝らなくてはいけない気持ちになるときである。罪の意識というのはそのようなものだ。

キリスト教の原罪のようなものだ。ヒトはみな罪を負って生まれてくる。イエス様はみなに代わって罪を背負ってくださった。そのように習った。

こんなにも罪悪感を持っている日本人が多い。今の若者はいつからキリスト教徒になったのか。

よく考えると、彼らは自分に対して罪の意識を持つらしい。自分で勝手に決めた戒律があって、それに反するというのだ。その戒律は、ダイエット。健康。不健康はしてはいけないことなのか。罪悪か。犯罪か。

老いることは罪悪ではないか。生まれてきたことは死へ至る病であって、もう罪以外の何物でもない。しかも、そのような罪悪を犯したと思っている彼らは、その後もいけシャーシャーとくらしていて、生活態度に反省が見られることがない。そんならそもそも罪悪感など持たないでほしい。

そのくらいの軽さがとてもいいとは思うけれど。

「無理」

せめて一度くらい試してもいいではないか

無理というのは、できないこと、不可能なことを言う。

宝くじを5回連続で1億円当てるのは無理である。１００kgのバーベルを持ち上げるのは無理である。６時からの歌舞伎と7時からのコンサートを同時に楽しむのは無理である。8段の跳び箱を跳び越すのは無理である。

今の日本で１kgの覚せい剤を処分して大金を稼ぐのは無理である。不可能であること、無理なことにはいろいろある。

そこで、例えば大学の教室で、「来週までに１０００字のレポートをまとめてくるように」などと学生に申し渡すと、「無理ーっ」と一斉に言われる。お父さんの下着と一緒に自分の洗濯物を洗うのは「無理」である。おじさんとふたりで一緒にカラオケするのは、まったくもって「無理」である。なんかおかしくないか。

それが無理であるかどうかは、試してみなければわからないではないか。一応やってみて、できるかどうかを調べてから、不可能かどうかが判明する。やってもいないうちから無理とは何事か。まして、洗濯をすること、唄を歌うことが不可能であると断言できるはずがない。何事であるか。

考えてみると、可能にはいくつかの違う意味がある。今日は富士山が見えない、というのは、雲がかかっていて見えないのだから、状況的に不可能である。字が小さくて見えないというのは、視力という能力が足らなくて不可能であると言っている。

心理的な可能性の判断もある

関西では、この洋服は小さくて「着られへん」という。物理的に着ることができないということだ。

しかし、もうひとつ言い方があって、こんな服「よう着んわ」などと言う。これは、小さすぎるからではなく、みっともなくて着られない、恥ずかしくて着る気になれない、という意味である。

つまり、心理的な可能性についての判断なのだ。

若者の使う「無理ーっ」というのは、物理的、能力的に不可能であるというのではなく、心理的に不可能であるということなのだ。要するに、やりたくない、嫌だ、ということなのだ。

だったら最初から「嫌だ」と言えばいい。そう言わないのは、嫌なのだが、そう言ってしまうと、自分勝手なわがままに聞こえてしまう。身もふたもない。「無理である」と判定すれば、相手が不可能なことを要求している、その要求のほうが理不尽なのだということになる。自分は悪くない、と言えてしまう。客観的、理性的に聞こえるからなのだろう。

正当な拒否であると主張されてもなぁ。もう少し考えてみてくれてもいいのではなかろうか。

「真逆」

意味は同じようで、実は微妙に異なる言葉

真逆――。この言葉は2002〜2003年ぐらいから使われるようになって、2004年の流行語大賞のノミネート語にも選ばれた。流行語大賞は、すぐに消えてしまうような言葉が選ばれやすいのだが、例外的に、一般に息長く使われる言葉になっている。

意味を調べると、「正反対」とある。確かに「真」というのは、「真正直」とか「真四角」などで判るように、真正の、本当の、非の打ちどころのない、という意味の接頭辞であり、そのように逆である、という意味なのだろう。

しかし、言葉の経済学というのがある。ある言葉と同じものが出てきたら、古い言葉が消える。おなじ言葉が併用されることはない。二つあるのは勿体(もったい)ないのだ。覚えている言

葉、使う言葉はなるべく少ないほうが経済的である。もし、「真逆」が「正反対」と同じ意味であるのならば、「正反対」は使われなくなるはずなのだ。

しかし、「正反対」も使われているし、「真逆」も使われている。

使う人が違うということも考えられるが、「真逆」を使う世代は、「正反対」もふつうに使っている。「真逆」と「正反対」は何が違うのだろう。

「真逆」の実際の使用例を見てみる。ある映画の紹介文である。

〈この映画は、家族全員が失業者である家族と、ＩＴ企業ＣＥＯの家族という、生活状況が真逆の家族の関わり合いを描いたストーリーで…云々〉

この文の中の「真逆」を「正反対」に入れ替えてみると、なんだか変だ。生活状況が「正反対」の家族、というのはわかりにくい。具体的なイメージが浮かびにくい。

「正反対」は反発の日本語

もうひとつ。

〈中間層が減少し、貧困世帯が急増する中、消費税を上げるのはおかしくないですか？

真逆の政策ではないですか?……云々〉

真逆は正反対と言うほど反対方向ではないように思われる。正反対という時、意見は正対称を描いて反対方向を向いている。１８０度違う。真逆と言う時は、同じ方向ではないのだが、90度ぐらい違っているぐらいでも言えてしまう。異なるだけでなく間違っている、という意味さえ生まれてきそうだ。

性格が「正反対」の夫婦は、どうやってもうまくいかない。性格が「真逆」の夫婦は、案外うまくいってしまうかもしれない。

「正反対」は反発しあってしまう。完全な対称を描く。理数的な関係である。「真逆」はすれ違う。人文学的なあいまいさがある。正反対は引っ張り合って引きちぎれてしまう。真逆は補完しあって、妥当な方向に進むことができる。

新しい言葉が生まれた時、必ずそこには今まで表現できていなかった新しい意味が加わる。

「打ち言葉」

「撫でる」言葉で分かり合う

文化庁の報告書「分かり合うための言語コミュニケーション」という冊子がこの春に出た。

この冊子、どこでどうやったら手に入れられるのかわからない。なかなか実用的で、人とコミュニケーションをするときのいろいろな悩みに、若い日本語の専門家たちが最新の知見をもとにして、かなり具体的に答えている。

言葉づかいに関しては、文法的に正確であること、礼儀正しく丁寧であることなどが今まで言われることが多かったけれど、そんな規範的なものだけでなく、「敬意」や「親しさ」を伝える方法なんかを伝授してくれている。これが実は「コミュ障」に悩む人たちのツボであるように思う。

国が作成したものとしては若い視点に立っていて、なかなかユニークな報告書なのだが、この冊子で、「打ち言葉」と言うのが初めていわば公式にその存在を認められ、取り上げられている。

言葉はふつう話し言葉と書き言葉に二分される。これらに並んで、キー入力で生まれる新しい書き言葉の「打ち言葉」が登場してきたのである。

もともとは、言葉を書いて生み出すのでもなく、口を使って声を出して話すのでもなく、SNSでの相手とのやり取りやケータイのメールで、指を使って「打つ」ことで言葉を紡ぎだすことから、「打ち言葉」と名付けられた。

もっとも、若い人たちを見ていると、「打つ」と言うよりも、スマホやタブレットなので「触る」とか「撫でる」のほうがふさわしいように思える。

メール独特の打ち言葉

しかし、「打ち言葉」と言っても、しょせんは書き言葉だから、文字を表す媒体や書体の違いだけではないかとも思うのだが、特にメールには独特のものがある。例えば「りょ」。「了解」のこと。ほかにも「あけおめことよろ」。「おこ」。「卍」。「w」。「草」。「うp」などなど。

基本的には、どれをとっても極端に省略された言葉だ。それぞれの意味がわかるだろうか。

「あけおめことよろ」は言うまでもないかもしれない。「おこ」は怒っている。「卍」は、とてもいい、とてもよくない、の二つの意味で使われるらしい。「やばい」と言うのと似ている。「w」は「warai（笑）」のこと。「草」は「w」が草が生えているように見えることから、（笑）と同じ。

変わったものでは「うp」。気分がいいことのupを変換したら「うp」になってしまって、間違ったのだが面白いからそのままにして使っているらしい。

今はまだ仲間内だけの言葉づかいかと思うけれど（草）。

「肉肉しい」

初めて聞くのに分かってしまう説得力

夕方のテレビ番組は、ニュースとは名ばかり、本当のニュースをあまりやらず、いわゆるグルメ情報が多い。

今日もかわいらしいお嬢さんが出てきて、「とってもにくにくしい」と言いだした。べつに腹を立てている様子はない。むしろニコニコしている。分厚いソテーを嬉しそうに頬張っている。

「憎々しい」ではなく、「肉肉しい」と言っているらしい。

味覚について正確に言葉に換えるのは不可能である。取材の現場ではいろいろな工夫がされていて、テレビのグルメリポーターたちは語彙力を振り絞って美味しいものを美味しいように表現しようとしている。

「まったり」とか、「味のテーマパーク」とか、「まいうー」とか、「ジューシーを通り越して、ジューゴ、ジューロクやあ」などなど。そのうち味覚の言語化ではなく、表現の芸のようになってくる。見ている人は、「美味しい」ということをどう表現するかを聞いているだけで、だんだん飽きてくる。

食べたときの楽しさ、嬉しさは、美味しさだけではないだろうと薄々感じつつあった。そこで、肉肉しい。初めて聞く言葉なのに、意味が分かってしまうところが面白い。とても肉らしい味がする。

最初のときの肉の味だけでなく、肉を嚙んだときに口の中に広がる肉の風味。喉ごし。肉のエキス。肉好きには逆にたまらない肉の臭みさえ、言えてしまっているようなところが画期的である。説得力がある。

つなげると新しい味覚表現になる

と思っていたら、こんどは「いもいもしい」というのが現れた。「忌々しい」とは違う。

「芋芋しい」なのだ。

芋の味は、ただ甘いだけではない。こってりとした重みと言うか、口内の水気を吸い取られてしまうような、息詰まるような感覚と言うか、口当たりや歯ごたえの素材感が芋の魅力として欠かせない。

いかにも芋である。「いもいもしい」も悪くない。

こうしてみていると、モノの名前を二つつなげると、新しい味覚表現が可能になる。一部では、「ツナツナしている」というのがあって、ツナ缶を噛みしめたときの歯触りを言う。

ただし、桃の独特な口内感覚を言おうとして、「もももももしい」となると、これはちょっと言いにくい。

次にどんな言葉が出てくるか、楽しみにしている。

「身の丈」

自分ではわからないし決められない言葉

身の丈というのは本来、身長のことである。

身の丈に合った着物を着る。大きすぎてズルズル引きずることもなく、ツンツルテンで脛が出てしまうこともない。

大きなのを着ようとしても似合わないし、小さいのを着たのではみっともない。自分の持って生まれた身の丈に合う着物を着るのが適切である。

身の丈は身長のことだったのだが、後世になって、意味が拡大して使われるようになった。身の丈に合わない役職とか、当人の能力とか資質について言うようになった。

人は時として、およそできそうもないことを無理やりこなそうとして、無能さが露わにされてしまう。

ただ、身長のように目に見えることであれば、それがはっきり身の丈に合うかどうかわかるけれど、当人の能力については、判断が難しい。

そもそも自分の身の丈がどのくらいのものであるのか、自分自身がわからない。

世間が決める自分の身の丈

昔から、分を知るとか、分をわきまえるという言い方をする。知らないこと、わからないこと、できないことに出しゃばったり、偉そうに口出ししたりしてはいけない。

人にはそれぞれ分際というものがある。

この分際からはみ出してはいけない。分際をはみ出すと、世間から指弾される。身の程知らずと言われる。

しかし、分際とはどんなものなのか、自分の分際がどのようなものであるのか、自分で判断するのは難しい。わかっていれば苦労しない。その人の分際とか身の丈は、身の回りにいる世間の人々が決めるのだ。

その評価を何となく理解しながら、自己評価する。自分はこんなことができる、こんなことはできないということを、成長するにつれて理解するようになる。身の丈は世間が決めるということはしかし、自分で決めなくていいということでもある。だから、若いうちはいろいろ試す権利を持つ。ある時は成功するけれど、ある時は絶望する。その繰り返しで身の丈がわかってくる。身の丈知らずでもかまわないのだ。

ただし、巷間言われている身の丈に合う受験というときの身の丈は、その人の能力ではなく、居住地域とか経済力とかであるらしい。

それは身の丈ではない。そう言う文科大臣は、誰よりも一番、身の丈に合っていないと言える。

「にわかファン」

かりそめの姿で喜びを分かち合う

ラグビーワールドカップで日本が活躍したときは、流行語大賞に選ばれるに違いないと思われた。「笑わない男」とか「ジャッカル」とか。結果選ばれたのは「ONE TEAM」。しかし、私が好きなのは、「にわかファン」。

「にわか」とは「急に・突然」の意味で、にわかに降ってきた雨のことをにわか雨という。あくまでも一時的であり、本来的ではなく、かりそめのものという意味で、偽物っぽい、インチキくさいの意味になる。

このラグビー大会は、始まるまで、ちっとも盛り上がっていなかった。日本は体格的に海外ティームにかないっこないと信じていた。

泥臭い。男くさい。汗臭い。美しくない。そうした、ラグビーの一般的なイメージも不利に働いているのではと思われた。

しかし、始まってみると、ロシアを相手に勝ってしまった。強いのだ。強豪アイルランドを、鮮やかなパスとスピードで圧倒した。スコットランドはその勢いで倒すことができた。

ラグビーは武骨でありながら華がある。ユニフォームの胸の桜のマークがアンバランスでいい。日本中が沸いた。当然のように、熱中する人が増える。「にわかファン」と呼ばれた。

堂々と「にわか」を自認する

「にわか」には、真っ当でなく胡散臭いの意味があって、「にわかファン」は、昔からのラグビー好きからすれば、蔑称である。

事実、ラグビーについて急に語り始めたオジサンたちの中には、「神戸製鋼のゲームを見た」とか、「新日鉄釜石の松尾がいかにすごかったか」を話し、知っているんだぞ、にわかじゃないんだぞと言いたがる人がいた。しかし、今までラグビーについて一切語ることをしなかったのだから、実は「にわかファン」だった。「にわか」であることを恥じていた。

その後、自称として堂々とにわかファンであることを自認する人々が現れた。ここが、この言葉のすてきなところなのだ。

自分は、ラグビーについて知らない。そのルールもよくわからない。近頃の選手としては、五郎丸君しか知らない。「ジャッカル」なんて初めて聞いた。でもこの度の試合をテレビで見て、面白いと思ってしまった。

にわかであることを認めてしまうというのは、何より正直である。その日本ティームの活躍を見て、とても嬉しくなってしまった。幸せな気分になっている。恥ずかしがりながらも、その喜びを人に伝えたくてたまらない。その謙虚さはいじらしい。

私も無論、生粋(きっすい)のにわかファンだ。

「ワンティームの光と影」

目指すべきは「同質」ではない

ラグビーW杯での日本代表の活躍は見事だった。国籍も使う言葉も異なる様々な人々が、日本の名のもとに集結し、素晴らしい成績を残しただけでなく、全国に感動を呼び起こし、熱狂をもたらした。流行語大賞にONE TEAMが選ばれたのは当然だったと思う。異なる人々が一つのティームを形成して集結する。ふだんはバラバラであっても、この時ばかりは一つの目標を目指して団結する。美しくさえあった。

しかし、その後、多くのおじさん、おばさんたち、組織の上司たちがうれしそうに言いだした「ワンティーム」は、あまりいいものと思えなかった。

そもそも日本人は、一つになるというのが大好きなのだと思う。多様性を目指す社会と言いながら、皆で一緒であることが大切なことだと思っている。その団結の内部は、ラグビー日本代表ティームのような多様性を許さない。協調性といえば聞こえがいいけれど、内部では同調性の圧力が強くかかってくる。仲良くするということは、皆とちがうことをしないことであるようなのだ。

集団を形成するとき、団結を求めると、必ずその陰の部分で排除の原理が働いてしまう。その集団に入りがたいと感じる人間がいると、つまはじきにされる。アウトサイダーは心強くなければ務まらない。そうでなければいじめの対象になって悲しい境遇をかこつことになってしまう。

ワンティームを声高に言うおじさん、おばさんは、そういうことを無視する。自分の率いる組織がワンティームであることを目指す。それは、内部の和を乱さない限りにおいて許される。その和は、同質であることを意味する。

互いを許容するティーム

もう一つ、ラグビーティームの一つのありようで特徴的なのは、一つの目標を掲げるのだが、その目標にふさわしい人が選ばれて、しかもその目標が達成されれば、すぐにでも解散してしまうということなのだ。ラグビーのワンティームは、W杯のための一時的なプロジェクト集団にすぎない。

ところが、私たちのふだんの組織は、選抜されてできているわけでもなく、しかもいつまでこの集団に属していなければいけないのか、期限がわからない。成員たちには、選ばれたというエリート意識もないし、集団間に共有される明確な目的もない。たまたま同じ場所にいただけの、烏合（うごう）の衆に等しい。いつまでこれをやっているべきなのかわからず、しかも無理やり他人と同じ行動を求められる。大きな組織であれば、お互いの名前も顔もわからない。連帯意識を持てというのがそもそも無理なのだ。

多様性を許容できるワンティームができて初めて、大人の国と言えるかもしれない。

#「聖地」

物語は人びとを呼び寄せる

ヴォーリズという建築家がいた。もともと宣教師だったが、関西を中心に学校や教会を設計した。牧歌的というか、やぼったいというか、温かな性格がにじみ出ているようなデザインである。関東では実物を見る機会があまりなくて残念だったのだが、その作品の一つが彦根のそば、豊郷（とよさと）に残っているという。この地の出身の近江商人たちが金を集めて建てた小学校である。建物の味わいは、行ってみて、入ってみなければわからない。彦根に呼ばれることがあって、それを機に行ってきた。

行く春を近江の人と惜しみけり、という芭蕉の句がある。尚白という芭蕉の不肖の弟子が、なんで近江なのだ、丹波だっていいではないか。行く春でなくても、行く歳だって構わないではないかと言って、兄弟子の去来にたしなめられた。行く春という、ぼんやりと暖かく、鬱陶しいぐらいに柔らかな季節は、琵琶湖のほとり、うっすらとかすんで、湖の照り返しの光が空に映えているような近江という土地で味わってこそのものなのである。丹波では、ちっとも行く春の情緒を醸し出さない。

まだ立春を過ぎたばかりで肌寒かったけれど、関東平野を吹く北風の硬さがない。密な空気は、揉まれて練れたような柔らかさがある。そういうぼんやりとした畑の中に、ヴォーリズデザインのすっきりとした豊郷小学校が建っている。しかし、近づいていくと、少し変なのだ。巨大な駐車場が正面にあって、ピカピカの観光バスが数台停まっている。さすがにヴォーリズの人気は大したものだ、観光バスをこんな何もないような畑の真ん中に呼び寄せるのだから。

追体験できる場所

しかし、違っていた。観光バスは、ヴォーリズの建物を見るために来ているのではなかった。中の教室には、建物の清楚な外観と似合わない、奇天烈なアニメキャラクターが並んでいたのだ。聞けば、『けいおん！』というアニメーションの舞台に設定されたのであるという。アニメの「聖地」なのだった。年間3万人が来るという。

来るのは20代とは限らない。中年のおばさんたちもやってくる。日本人だけでなく、中国やベトナムからもアニメのファンがくる。京都アニメーションが『けいおん！』の制作に携わったので、あの凄惨（せいさん）な放火殺傷事件があってからは、それを悼む人々の献花が絶えないという。ノートには多くの寄せ書きが綴られている。アニメの場面とそっくりに配置された机や椅子があり、来る人は、物語の登場人物の動きや心を追体験して楽しむのだろう。「聖地」を訪れる人たちにとって、廊下の隅々、階段の手すりのひとつひとつが懐かしく、たまらなくうれしいものなのだろう。実写ではなくアニメだが、ファンにとってはどうでもいいことなのだろう。作品の追体験。

外に出ると、雪をかぶった伊吹山が白く聳えていた。かくとだにえやは伊吹のさしも草さしも知らじな燃ゆる思ひを、の歌枕である。作品に取り上げられた場所が、それだけで価値あるものになる。「聖地」というのは現代の歌枕のようなものなのかもしれない。

「Jリーグ様」

使わないと怒られるかもしれない

「サン」を付けた言い方が、営業担当サラリーマンを中心として横行している。いわく「銀行サン」、「出版社サン」、「吉野家サン」、「ツタヤサン」などなど。

八百屋さんはいい。八百屋を経営しているおやじ個人のことである。しかし、「吉野家サン」は、ほんらい吉野家のオーナーに対してしか使えないはずだ。

しかし、営業している人々にとって、それらの会社は商売相手であり、一応の敬意を示しておかなくてはならない。今やほとんどのおじさんたちは、銀行サンを自然なものとして使っている。ときどき地方の経営者の集まりなどに出てお話をさせていただくことがあるのだが、ほぼ全員のおじさんたちが使っている。気の毒だから許すことにしている。

しかし、商売相手であれば、あだやおろそかにできないので敬称を使うことを考慮できるのだが、公共的な組織には使い難いだろうと思っていたら、「杉並税務署サン」、「西荻窪駅サン」などという言い方を、同業の税務署やJRの人と限らずに聞くようになった。

敬称を含めた敬語は、上位者に対して使い、自分より偉い人を大切に待遇するために使う。しかし、敬語を使われて気分がいいかというとそうでもない。とても丁寧な最上位の敬語を使われても、落ち着かなくなる。少なくともおだてられている気がしない。

敬語は、それを使うことで相手を高めるのではなく、使わないことで失礼になってしまうという性質を持つ。使われる相手はそれで嬉しくなるわけではない。お世辞とは違う。使われるのが当然だと思っていて、敬語が自分に向けられているのを聞いている。それで安心する。もし敬語が使われないと、腹が立つ。失礼だと思ってしまう。敬語を使うことで相手を持ち上げるわけではない。既にある秩序を乱さないという働きをする。敬語は偉い人に対する防御の言葉なのだ。上下の差を確認し、その差を保つために使われている。

こうしてみると、敬語は使われないことを恐れる。使わないと失礼になる。使わないことで怒られるかもしれない。だから使っておくに越したことはない。いわば保険である。それで、過剰な敬語が生まれてくる。

立派なおじさんまでも

で、先日、プロ野球機構とJリーグのチェアマンが今年の日程を相談して、共同の記者会見を開いた。そこで、プロ野球の人が「Jリーグ様と一緒に…云々」と言い出した。サン付けを超えて、ついにサマ付けになってしまった。以前、ヨン様とかベッカム様という言い方が流行った。熱狂的なミーハー女性ファンが、崇拝の対象のように彼らを呼んだものだ。ついに、スーツ姿の立派なおじさんまでも様付けをするようになってしまった。

「不要不急」

あいまいな命令ゆえに保たれる秩序

この新型コロナウイルスの騒ぎでたくさんのわかりにくい言葉が飛び交った。パンデミック、クラスター、オーバーシュート、ロックダウン、エビデンス、フェーズ……。きりがない。外来語はわかりにくい。

しかし、日本語だって輪をかけてわかりにくいと言われる。「不要不急の外出を自粛してほしい」という要請があるが、そもそも「自粛」を「要請」出来るのか。自粛は、自分の判断ですることであって、他人から要請されてすることではなかろう。

しかし、日本文化は、そのようなあいまいな依頼か命令かわからないようなものによって秩序が保たれてきたという伝統がある。空気である。お上が空気を醸し出す。それに世間が同調する。未曽有の事態でも日本人根性は不変である。

「不要不急」がわからないという。

どんなことなら不要不急に当てはまるのか、不要不急でない仕事とは何か、はっきり決めろ、というのだ。

禁止するなら禁止しろ。政府は不要不急の定義を出せと、テレビのコメンテーターレベルの、かなり賢い人々までそんなことを言う。

いつから日本人はこんなに愚かになってしまったのだろう。

自分の行為が不要不急であるかどうか、自分で決められなくてどうする。教育の目的は、自分で考え、自分で判断し、自分で表現できるような人になることであったはずだ。

本人だからわかる定義

不要不急は当然人によって異なる。一般に、自分にとっては、何よりもしなくてはいけないことのように思えるけれど、他人から見ると、どうでもいい、不要不急にしか見えないことが多い。

しかし、恋する若者にとって、恋しい人に会うことは、何ものにも代えがたいことであって、たわいのない会話を交わすにすぎないにもかかわらず、かけがえがない。人の恋路を邪魔する奴は、馬に蹴られて死んじまえ、と言う。

八百屋お七は、恋しい吉三に会いたいばかりに、重罪になること覚悟で自分の家に火をつけた。

しかし、もしも、めでたく夫婦になれて数十年たった後では、あの時どうしてそんなことをしたのか、わからなくなったに違いない。

不要不急の定義を他人に決めてもらおうというのは、人間であることの放棄である。

考えてみると、私は不要不急を絵にかいたようなことしかしていない。何にもしなくていい暮らし。おかげさまでほとんどのことは、やることなすこと不要不急になってしまった。

家に引きこもっていればよい。ありがたいことだ。

「ネコハラ」

ハラスメントからは逃げられない

外出自粛はいやじゃない。他人と会うのが得意ではないので、かえってありがたいくらいだ。ふだんから家にいるのは苦にならない。見知らぬ人がたくさんいて、同じ席で何かを話さなくちゃいけないのは苦行である。家族がいるから寂しくない。余計なシガラミが途切れて、せいせいする。

大学勤めは、講義さえなければ、基本テレワーカーで、家でする仕事が多い。家にいるのが好きだ。なるべく早く家に帰りたいと思って外出している。外食よりも家で食べたい。

そのような暮らしを日本全土でするようになって、どうなのだろう。聞こえてくるのは、ストレスが溜まってしまうという声ばかりだ。皆さんそんなにも外が好きなのか。

家庭内暴力や児童虐待が心配されるという。確かに世間の気分はささくれ立っていて、毎日朝から晩まで亭主の顔を見て暮らすのはたまらないとか言われる。早く元通りにならないかという声ばかり大きい。

しかし、元通りの生活がそんなに楽しかったか。満ち足りていたのか。思い通り何のストレスもなく穏やかで平穏な気分で過ごせていたのか。

思い出してほしい。なんとかハラという言葉がここ数年著しく増えていた。セクハラから始まって、パワハラ、モラハラ、アカハラ、オワハラ……[※]。際限なく増えていた。社会は病んでいた。そういう暮らしから解放されたのである。もっと幸せを喜んでいいのではないか。一生でもう二度とこんな幸せな時間が訪れることはないのではないか。面倒くさい上下関係からは解放され、いやな人間の息をうかがって生息しなければならないみじめな小動物のような時間を過ごさなくていいのだ。

「在宅」という言葉は気持ち良い

しかし、家にいても、ハラスメントからは逃げられない。ここに出現したのは、ネコハラスメント。猫にいじめられるのだ。

在宅で仕事を始めるとする。パソコンに向かってスイッチを入れる。キーボードで起動させていると、いつもは家にいない飼い主が今日は珍しく家にいることを発見した家猫が、そそくさとやってくる。人の動く指はとても魅力的に見える。モニターとキーボードの間に挟まる。キーボードの凸凹する感触も嫌じゃない。立ち止まる。座り込む。

「撫でたいだろ、さあ、撫でなさい」

そうして何かわからないキーを踏み始める。文字キーならまだいい。Fキーだと、得体のしれない事態になる。会社の大切な書式が消えてしまう。「ああ」。猫をどける。でもあきらめない。またやってくる。二度でも三度でも。根負けする。猫を抱いてため息をつく。気持ち良い。会社のための仕事など、どうでもいいように思えてくるではないか。これを称してネコハラスメントというのだとか。在宅はいい。

※企業側が学生に対して、内定と引き換えに就職活動を終えるよう強要すること。

「スピード感」

速いように見えるようにしたい

この頃、「スピード感を持って解決したい」という言い方をよく聞くようになった。なんだか変だ。

スピード感というので思い出すのは、『汽車』という、昔小学校で習った歌だ。速いぞ速いぞ、と汽車に乗った子供が叫んでいる。畑や家が飛ぶように過ぎ去っていく。とても速く感じられるというのだ。ここで肝腎なのは、実際の汽車の速さではなく、速く感じる子供の興奮した感覚である。スピード感というのは、どう感じられるかということが問題なのだ。

ジェットコースターは多分そんなに速くない。しかし、速いように思わせなければ、ジエットコースターの面白さを作り出せない。設計者は、乗客にどうやってスピード感を感じさせるかを工夫している。

「スピード感を持って解決したい」というのは、「速いように見えるように解決したい」ということで、本当に速いかどうかは置いておく、とりあえず気にしない、見ている人がどう思ってくれるかを気にしています、という告白である。それは困る。

「やってる感を出している知事」というのは、明らかに、本当はやっていないのに、格好だけはやっているように見せている、パフォーマンスとしての言動だという批評意識が働いている。

見せ方の問題であるとマスコミが報じているわけで、〜感の使い方として正しい。しかし、「緊張感を保ってしっかりと検討したい」、「緊張感を持ってことに当たるよう指示した」と言っている大臣は、どう思って緊張感という言葉を使っているのだろうか。

緊張感はカッコいい

緊張感は、緊張しているわけではない。

たとえば北斎の神奈川の波の絵のなかの船の乗客たちは緊張しているように見える。しかし、赤富士の富士山は緊張していない。でもどちらも画面に緊張感が漂う。その緊張感が、どちらの絵も傑作にしている。

作者の北斎も緊張はしていない。どちらかと言えばリラックスしている。北斎は、卓越した技術や計算によって画面の緊張感を作り出しているのだ。

緊張しては仕事にならない。たぶん、まじめにとか、一所懸命にとか、手を抜かずに、などと言いたいのだろうと思う。しかし、緊張感を持ってと言うと、何やらカッコいいように思える。軽薄である。

ほんとうに素早くやってもらいたい。見せかけでなくやってほしい。手抜きせずにしてほしい。見てくれは忘れろ。見せ方はどうでもいい。実質が問題なのだ。それを私たちは見ているのだ。

「面目ない」

きちんと認める態度と言葉

少し前までの日本には、面目と言う道徳律のようなものがあった。

天下無双の横綱は、幕内下位のものに負けてはいけない。もしも土俵上で転がされてしまったら、面目を失う。最高位の立行司(たてぎょうじ)は差し違えが許されない。もし差し違えをしたら、進退伺いを出さなければならない。面目を失うのだ。

指導的立場にある有力者は、周りの人をちゃんと統御しなくてはいけない。自粛を言い立てている時に、その奥さんが勝手にお花見パーティをやったりすれば、面目がつぶれる。一度公言した施策を朝令暮改に言い換えて記者会見をする大臣は、面目をなくす。

しかし、横綱だって取りこぼす時がある。そんな時、面目を失った者は潔く認めて「面目ない」と、態度や言葉で示す。立行司は辞意を示す。すると周りも許す。それが成熟した世間の優しさである。

しかし、面目がつぶれたことを認めようとせず、つまらない言い訳を並べる者、忘れるまでだんまりをきめこむ者、前言はなかったことにして知らぬふりをするようなこずるい者は、信用を失い、人として軽蔑されて終わる。

先日、面目ないということを絵のように示すニュースがあった。

イギリス・イングランドの最高峰スカーフェル・パイク（海抜978メートル）を登山していたご主人について行ったセントバーナード犬のデイジーが、地元の救護隊に救助されて、担架で運ばれて下山したという。

デイジーは55kg。頂上まで行ったところで、押しても引いても動かなくなってしまった。さぞ困ったことだろう。しかし、セントバーナードと言えば、あの雪のアルプスで勇敢にも吹雪にうずもれた遭難者を救う救助犬ではないか。体を寄せて凍えた身体を温めたり、倒れている人の顔をなめたり、首から下げた木樽のブランデーを飲ませて、賢く頼もしく働くという犬ではないか。それが担架に載せられて人に運ばれてどうする。

しかし、その時のデイジーの表情がよかった。犬の気持ちはわからないけれど、いかにも面目なげだった。自分のふがいなさを知られてしまって恥じていた。穴があったら入りたいと言うような、縮こまりかただった。

いさぎよい者は愛らしい

あれでなければいけない。あの姿を見れば、あの表情を見れば、誰もデイジーを責めない。いさぎよく失態を認める者に、それ以上責めることはしない。むしろ愛らしく思う。デイジーは下山後元気を取り戻したという。

犬を見習ってほしい。面目ないことをしてしまったことを、きちんと認めてほしい。それが日本の良き伝統だったはずだ。

「街の声」

大勢のなかで安心できるひと言

ニュースを見ていると、「では街の声を聞いてみましょう」と言って、昼下がりの街頭が映し出されることがある。銀座の母娘、新橋のサラリーマン、渋谷のハチ公前の若者などがインタビューされる。

「××さんが辞任しました」

「え、うそ、びっくり。ほんと?」

「ええ、困るわー、どうなっちゃうのかしらー」

「○○さんが亡くなりました」

「おお、そりゃ悲しいね。ファンだったんだよねえ」

「いやあ。そうかあ、残念だなあ」

あれはニュース番組として伝える価値のあることなのだろうか。

ニュースというのは、私たちの知らないことを伝えてくれるものだ。街の声というのは、ほかならぬ普通の人たちの感想、つまりそのニュースを見ているまさに自分自身のことを伝えているのであって、そこにどれだけのニュースバリューがあるのだろうか。

それでも、思わず見てしまう。ほかの人たちがどう思っているのか知りたい。自分の感想をまとめる前に、みんなのふつうの意見を知りたい。みんなと同じでいたい。

だが、あれが大勢の意見ではないことを私たちは知っている。ニュース番組を作っている放送局の人たちが、「世間はどう受け止めるだろうか」という予測に基づいて、適当に編集しているのだ。だから、放送局の意図を外れる言葉は決して使われることがない。

「え、辞めたの。そう思ってたんだけど、イヤめでたいなあ」

「まだ生きてたんだ。そっかそっか」

などという声は放送されない。街にそんな人はいないことになっている。

視聴者の意見は編集済み

街の声をニュースにしたければ、厳密なアンケート調査をするしかない。回収率が高く、しかも選択肢を選ぶのではない自由回答での調査を数千人単位で行う必要がある。性別や職業、地域差や世代差など、すべてを勘案した調査であれば、ある程度信用がおけるけれど、それでも、時間がたっていればわからない。

しかし、ニュースで街の声を聴いている人たちは、そう思わない。自分以外の人たちがどう思っているのかを知った気になって、自分を大勢の中に参加させていく。自分も主流派の一つになる。他人と同調できる。安心できる。

しかし、その感想は、放送局でニュースを編集している人たちが、都合のいい意見を選んでまとめた感じ方にすぎないことがある。どうせ視聴者はこんなことしか考えていないよ、とタカをくくっている人の送り出すニュースは、害悪しかない。

「盛りは後になってわかる」

その日に満足せず、うっちゃって生きる

コロナ禍のおかげで、見損なった番組の再放送をやってくれてうれしい。NHK『ヒグマを叱る男』。知床の番小屋に住んで56年、84歳になるサケ漁師、大瀬初三郎さんの話。大瀬さんの住む番小屋はヒグマの巣窟でもある。冬の間は閉ざされているが、春になって再開する。クマたちもやってくる。すぐそばまで来るのだ。周りは足跡だらけだ。NHKのカメラマンは恐れて逃げ出して、小屋の中に隠れて撮影するのだが、大瀬さんは平気で、大きなクマが数メートルまで近づいてきても、びくともしない。そうして大声で怒鳴りつけるのだ。目をそらさず、腹の底から出るような声でなければいけないという。

「コラ!」「コラ!」

するとクマたちは、こりゃ敵わないや、というような顔をして、すごすごと引き上げていく。50年以上、銃とかを使ったことがない。襲われたこともない。

クマは、赤ん坊の時から、大瀬さんが怖いことを知っている。大瀬さんを畏れている。それで、襲ってくることがないという。

クマたちは、番小屋のそばに河口があって、そこを遡上(そじょう)してくるサケを目当てにやってくる。そのサケを食べている分には叱らない。人に近づいてくると叱りつける。

決して餌をやらない。餌付け(えづけ)をしない。馴れていない。クマはおじさんを畏れているが、おじさんもクマを畏れている。

クマは自然である。人間も自然だと言う。人と自然の対立はない。どちらも自然の中でいっしょに暮らしているのだと言う。自然の中での完全な同化、先住民たちと同じような暮らしが実現している。

後悔するための言葉

たまたま見たのだが、知床を紹介するほかの番組でも、女性リポーターが大瀬さんに取材していた。ちょうど紅葉の真っ盛りだったのだ。「今日が紅葉の一番の盛りですね」と女性が言った言葉の大瀬さんの答えが、この小文のタイトル。

一番の盛りは次の日になってみないとわからないよ。次の日になって、ああ昨日が盛りだったのだと気づく。盛りの日には、それが盛りの日であると気づかない。

移り変わる季節の中で、明日はもっときれいになるかもしれないと思ってしまう。まさにその日を満喫しようとしない。一番きれいだと満足しないで、その日をうっちゃってしまう。そうして、盛りを味わうことなく、過ぎ去ってから、そうか昨日がもっときれいだったなと後悔する。

本物の知恵者は巷ではなく知床にいた。腕利きの仲間たちを束ねてサケを取りにいくリーダーであり、50年以上ヒグマと暮らし、ヒトから離れて棲む知者になった。

自然と人とが、お互いに畏れながら、理解しながら、自分も自然の一部なのだと自覚して生きていく。ウィズコロナの時代に知っておくべき必須の知恵であるように思う。

「会食」

同じ釜の飯を食う大切な「儀式」

コロナのせいで、「会食」は評判が一時期悪くなった。タバコのポイ捨てと同じくらいに、コンプライアンスに触れてしまうことであるらしい。某有力政治家は、「私達は高級ステーキ店で会食などしていない。ただ8人で会ってステーキを食べただけ」だと弁明した。

そもそも、去年まで、「会食」という言葉はあまり使われることはなかった。食事会とか飲み会とか宴会とかパーティとかディナーとか言っていた。「会食」は殺伐としていて、楽しそうではない。あまり行きたくない。しかし、コロナで今までの生活様式が否定され、新しい生活様式になじむように、今までの事柄も名称を変えることになった。その一つが会食である。会食は何をすることか。何をもって会食というのか。

複数人で食事をするということだけでは、会食の条件を満たさない。駅前の立ち食いそば店では、大人数が寄り集まってそばをするが、会食ではない。

会社の同僚と昼ご飯を一緒に食べるのは会食である。家族で食べるのは会食ではない。会食するためには知り合いでなければならない。でも、知り合いでありすぎてもいけない。結構難しい。

日本では、相談事はご飯を食べながらなされることが多い。一緒に食べることで場がなごむ。話すだけではとげとげしくなる。酒が入れば丸くなる。まとまらない話もまとまるようになる。落としどころが見つかりやすくなる。それで、会社同士、対立する者同士、対立する部署同士、対立するグループ同士、対立するアイデア同士、一緒に食事をしようとする。対立していなくても、何かを始めようとする、何かを終えようとする。何かの節目には、食事をする。けじめがつく。

相談事があるとき、ともに食事をする。同じ釜の飯を食う。

被毒妄想というのが精神病理で言われる。食べ物に毒が入っているという妄想にかられる患者さんがいるが、それは、家族や仲間への不信感の表れであるという。一緒に食べることは、他人とのつながりを信じられるようになる、とても大切な儀式なのだ。キリスト教のミサでは、おせんべのようなものを食べる。神との共食である。三三九度は神と共に飲むことである。災害では炊き出しの光景が映し出される。いわゆるキズナを作る。会食を禁じられると、ヒトはにっちもさっちもいかなくなる。

座敷でないと決められない

ところが、ヒトとのつながりを作ることが主な仕事であるような職場がある。議会。国会であろうと村議会であろうと、人と人のつながりで決まり事を作らなければならない。だから議員さんは、村レベルであろうと国レベルであろうと、会食をする。そうして、マスコミに叩かれる。

ひところ、料亭政治と言われることがあった。議場では何も作れない。落としどころが見つからない。それで、座敷で密談で決める。それは昔も今も変わらない。

オリ・パラをやるのかやらないのか、なかなか決められない。お金か健康か、重要な岐路がちっとも定められない。会食を禁じたら、決定はもっと長引くに違いない。被害はどんどん加算されていくだろう。心配だ。

「自己判断」

人智が及ばないことは、自分で決めてゆく

コロナ禍で、医療的困窮など、世間にさまざまな問題がたまった。ウイルスがはびこっていることの責任をだれに求めるべきかがわからない。自然相手だから仕方ない。しかし、スケープゴートが必要だ。政治家がやり玉にあがる。彼らがコロナ禍を治められるわけではない。その能力は彼らにはない。

コロナウイルスは人々の間に漂っていて、はびこっている。目に見えないガスのようなものを叩き潰したい、消滅させてほしいと思っているのだが、消せない。消えない。ウイルスがどのようなものであるかが、わからないのだ。

薬も作れない。今のところ、手をこまねくしかない。ワクチンを作る、対症療法をする、

ということしかできない。人智が及ばないのだ。

でも、緊急事態で、外出の自粛を要請される。発令が遅いという。ＧｏＴｏキャンペーンがいけないという。それは政府の作る筋書きで、政治家は、繰り返すが、無力なのだ。津波や大雨と同様、ウイルスについて防げる人は誰もいない。ウイルスを撲滅させることなど、政治家にはできない。政治家にできることは、ウイルスのせいで経済が衰退することを防ぐことぐらいなのだ。だから、都市封鎖をしないし、外食を奨励する。

病気が怖いかどうかは、人々の判断にすべて任されている。外出しないで家の中で感染しないように努力するか、感染しないと判断して街中に出かけて夜遅くまで騒ぐか、それはそれぞれの自己判断に完全に委ねられている。政府のシナリオを、面白くない、間違っていると批判する世論は、方向を間違えている。文句を言いたい相手が必要だから政府が怒られる。政府は最初から何もできないのだから、無能な人に無能であることを言い立てても仕方ない。自分で考えればいい。

同調ではなく寛容

ただ、無鉄砲な人たちが多くて、感染の危険を一切顧みず、街に出かけ、仲間と騒ぎ、あげく感染し、病院が埋まって、医療崩壊が起きるというのは困る。人迷惑である。

しかし、コロナ禍以前から、すぐに良い医療を受ける、病院に入院するということは、今ほどではないにしろ、難しかった。大学病院の診察を受けるには、紹介状が必要だった。手間がかかった。入院も、ベッドが満床で、すぐに入院できるのは、幸運なことだった。その意味で、一部では医療は簡単ではなかった。今に始まったことではない。

皆がルールを守らないと言って、盛り場に繰り出す人々を非難するのは、なんだかちがう。息苦しい。同調圧である。思わず同調を求めてしまっている。迷惑をかけないでほしいけれど、いろいろな人がいるということを認めること。それが民主主義の出発点だ。

「言霊」

必ずしも名は体を表さない

人は言葉でもって考える。

たとえば「考える」ということをするとき、知っている言葉をあれこれ組み合わせて、ジグソーパズルのように組み立てる。頭の中でいろいろと言葉の順番を変えたり、組み合わせを換えたりするのが、考えるという行為である。もし言葉がなかったら、どのようにして考えたらいいのかわからずに、途方に暮れてしまうだろう。

それで、感じたり考えたりするとき、その素材となるどんな言葉を使うかは、とても大切なことになる。使う言葉によって、私たちは、喜んだり困ったりする。

失念といえば聞きよい物忘れ。お手洗いと言うから、まだいい。これが「厠（かわや）」と言うと、部屋の造りまで変わってしまう。便所の匂いとトイレの匂いは違う。ラベンダーを混ぜたソフトクリームを某観光地で売っていて、それは、便所の匂いと言ってもいいのだが、しかしまあ、トイレの匂いであるとして許すことにした。

コロナ禍でコロナビールの売り上げが落ちたという。災難である。

言葉はいろいろな事柄についた名前である。名前が変わると本体も違うように思えてしまう。言葉で考えるからである。この現象を言霊という。

言霊信仰というと原始的な迷信のようで、あるいは国学神道を思わせてしまって、何やら時代遅れ、剣呑な気がするかもしれないけれど、現代人の中にも根強く巣くっている。

「核」は明るい未来の象徴？

原子力発電所というのは、言霊信仰を利用した名前である。あれは核発電所である。

原子力は、私たちの世代であれば、鉄腕アトムの心臓部に位置する超小型のエネルギーの発生装置で、明るい未来を作り出す象徴だった。核は、戦争の武器として使われるエネルギーで、まがまがしいものだった。悪知恵者が、唯一の被爆国である日本国民をはばかって、二つの言葉を使い分けたが、英語ではニュークリアと言って、同じである。東海村もヒロシマも、同じ言葉で表される。

原子力ならいい、核は嫌だ、という愚かしい印象は、言霊信仰によって生み出されている。

かつて、「原子力明るい未来のエネルギー」という双葉町（ふたばまち）に掲げられた横断幕は、本当は、「核、明るい未来のエネルギー」だったのだ。言霊に騙されたことに気づいたはずなのに、県の指導で最近作られた事故の様子を伝える施設は、「原子力災害伝承館」であって、「核災害伝承館」ではない。

核発電所の爆心地は、まだあの時のまま。核廃棄物が無害になるには数世紀の年月がかかることがわかっている。核の残骸を背負い込んで、私たちの子孫たちはこの先の未来を暮らしていかなければならない。

「小言」

ほんとうは聞いてほしい胸の内

このごろはテレビに向かってしゃべっていることが多く、家人からは、老化現象であると言われる。しかしテレビを見ながら小言を並べるのは楽しい。特に、ニュースショーはいろいろ言えてしまうので、やめられない。

コロナ禍のせいで、テレビを見ることが多くなり、ニュースや言葉遣いに小言を並べる材料がたっぷりとあるのだ。豊かな畑を前にしているようなものだ。生身の人間相手に小言を言うと、思わぬ反撃にあってしまう。それなりの深い事情があることが多いのだ。テレビはこちらに反応しない。安全である。安心して、いくらでも言えてしまえる。くさくさした気分がいくらか解消されて、気が済む。

そのたびに、何を言ったか忘れてしまう。しかし、前に言ったことと同じである。それ聞いたわよ、と言われる。それでもやめられない。

小言というのは、不平不満であると辞書に書いてある。でも、ただの不平不満ではない。小言を言う人間は少し高みに立っている。親が子供に、上司が部下に、教師が学生に、お得意さんが取引先に、言う。一般に逆らいがたい。

とても狭い僅かな人生経験にもとづいて裏打ちされたそれなりの規範があって、それにそぐわないものはすべて小言の標的になる。

姿勢としてはアドバイス、忠告やお説教と同じである。相手の足らない部分を指摘する。相手が気づいていない欠点を明らかにしてやる。世間が気づかないでいることを見つけてあげつらう。そこが、どこか知的である。

ただし、アドバイスと違うのは、改善策を述べない。悪いことは分かったけれど、じゃあどうすればいいのだということは言わない。無責任に言いやすい。言いっぱなしである。

つまり愚痴と似てしまう。

抑えられない言葉

愚痴であれば、言われた相手には慰めるという手がある。しかし、小言を言う人間はあくまでも上から目線である。始末が悪い。

生産性がない。言われた方は腹が立つばかりである。だから、小言を言う人間は嫌われる。多くの場合、無視される。精神衛生上正しい措置である。

世の中には小言を言いたい人であふれているらしい。それはインターネットを覗けばすぐにわかる。つまらないニュース、どうでもいい事柄について、誰かが必ず何らかの感想を書き込んでいる。そんなことといちいち言わなくてもいいというようなことを言いたがる。誰も君に期待していない。誰もあなたの意見を聞きたいわけではない。

ここまで書いてきてハタと気づいてしまった。ひょっとすると、私がこの連載で書いているのは、小言なのではないか。老人の繰り言なのではないか。いかんぞ。

「昭和」

ずっとそこにある時代

家でゴロゴロしてテレビを見ていると、「今よみがえる懐かしの昭和歌謡」という番組で、懐メロであれば、春日八郎や三橋美智也であろうかと思っていたら、百恵ちゃんやピンク・レディー、聖子ちゃんが出てくる。

「昭和家電に囲まれたレトロな暮らし」というのを見ていると、黒い電話機はともかく、普通の掃除機や、箱型のテレビであって、ちっともレトロじゃない。

「会社の昭和のおじさんあるある」というのに出てくる人は、やたら駄洒落を飛ばし、パソコンの使い方がわからず、説教を垂れたがり、たばこをぷかぷかふかして、居酒屋で若手に奢る。完全に同世代である。

ちっとも古臭く思えないのだが、それが昭和であるらしい。

かつて「昭和」は、清新で進歩的で科学的、現代的なものの象徴だった。南極に昭和基地というのが作られた。日本が科学にやっとお金をかけられるようになったのだ。国際的な発展の一翼を担うものとして、平和や未来の希望だったから、「昭和基地」というのは何とも嬉しかった。昭和とネーミングされても、古臭く思えない今や唯一のものになってしまった。

しかし、実を言うと、私は平成というのに全然実感がない。31年あったのだから、昭和はずいぶん前のことであるはずなのに、平成を飛び越してしまい、つい最近のことであるとしか思えない。

ちっとも遠く感じない

平成に何もしなかったわけではない。実質的に日本社会に出て活動を始めたのは平成だったし、それなりに家庭を作り、安定したのは、平成のことだ。

しかし、いろいろなことをしたけれど、それが平成何年だったかは、ほとんどわからない。何歳の時だったかはわかる。でも、平成と年齢がシンクロしないのだ。平成20年に自分が何歳であったかすぐに言える昭和生まれの人がどれだけいるのだろうか。

平成はあっという間に過ぎてしまった。そうして今やそのあとの令和になっている。こうなると、今年が令和何年か、覚える気もなくなる。たまに書き込まなければならない時があって、その時は人に聞く。すっかりおじいちゃんである。

「昭和は遠くなりにけり展」というのを公民館で開くというチラシがシティバスにあった。本当だろうか。

確かに30余年経っている。

中村草田男が「明治は遠くなりにけり」と詠ったのは昭和6年、明治から20年後だったという。それに比べて、昭和はちっとも遠くなっていない。あれからほとんど変化のない時代を日本は過ごしてきているのではないだろうか。

「心が折れる」

悲劇の主人公を演じてみたい

「心が折れる」らしい。

以前なら、がっかりしたとか、やる気をなくした、とでも言うところだが、「心が折れた」と言う。「折れた音がした」とまで言う。ホントかよ。

「挫折する」というのが一時期はやった。学生運動が終わりかかって、みんな、なぜか「挫折」して、消えていった。

「挫折する」ときは、仲間がいたように思う。何人かで、もう止めようかということになって、安酒でも飲んで、泣くこともあったかもしれない、「夜明けは近い〜」などと歌ったりしたかもしれない。いずれも、団塊世代のお兄さんたちである。

私は少し下の世代で、変に期待するものがあるから挫折するので、最初から希望を持たなければ、挫折する心配もない。しなやかにしたたかに、というのが私たち、あ、私だけかもしれない、ポスト団塊世代の戦略だった。

で、今また、心が折れる人たちが出てきた。

彼らは挫折と違って、孤立しているように見える。連帯をもとめない。せいぜい、恋愛程度である。で、失恋して、心が折れた、などと言う。

折れる心とはどんな心だったのだろうか。美しく直立して、細く高く、硬度が高くて、壊れやすいのだろう。格好良く言えば、フラジャイル。

それにしても、そんなことをあまり人に言うものではない。恥ずかしいと思わなければいけない。

なんだかヒロイックである。感傷にまみれている。自己愛を感じさせる。自分を悲劇の主人公であるように思いたがり、見せたがっている。その心理が見すかされるので、何やら気持ち悪い。

折れなかった心

本当に心が折れそうな経験をした人たちがいる。例えば、照ノ富士関。

かつて、横綱の最有力候補でありながら、病魔と怪我のため、序二段にまで転落してしまった。序二段というのは、付け人がつかない。むしろ、付け人をしなければならない役割である。一流企業の重役だった人が、突然パートの運転手になってしまうようなことである。しかも、違う会社ならともかく、同じ会社の同僚たちの間で落ちぶれてしまう。

こういうことを、心が折れそうな、というのだ。

しかし、照ノ富士関は周知のとおり心が折れなかった。辞めなかった。改めて思うことだが、彼と対戦しなければならなくなった序二段の取的(とりてき)たちには同情せざるを得ない。復活して、幕内優勝を飾り、大関、今や横綱最有力候補。

水泳の世界チャンピョン池江璃花子さんは、よりによって白血病になった。かつての死病である。見事すぎるほどの復活をした。

本物は心など折れない。

「そうめん」

これぞ日本人の得意技

そうめんはいい。作るのもやさしい。食べるのも困らない。よくぞ日本の夏にそうめんがあってくれた。感謝したい。

いろいろ種類がある。スーパーで買える播州のもの。そこから流れた島原のもの。少し高級な奈良のもの。太くて腰があって私は大好きな富山のもの。他にも地方にはさまざまなそうめんが存在する。

飽きることもない。いわゆる味変が簡単にできる。シソや茗荷（みょうが）は基本だが、ツナ缶を入れる。キムチを入れる。納豆を混ぜる。カニ缶を入れる。豚しゃぶを入れる。トマトを入れるのもあるらしい。

そうめんさえあればなんとかなる。しかし、ふと、その表記法がわからないことに気づいた。

そうめん、とひらがなで書いているが、ふつうに変換すると、素麵になる。でも、ソーメンじゃだめか。ハイカラでおしゃれなんではなかろうか。ただし軽薄である。ラーメンでもない。中華料理ではないのだから。

ところが、そうめんは、正しくは索麵であるという説がある。元祖は中国で作られたもので、かの地では索麵と書いていた。日本人が間違えて素麵と書いてしまった。出来の悪い日本人。しかし、日本では素麵が普通なのだから仕方ない。

でも、素麵はおかしくないか。素の字を「そう」と読むのには無理がある。

このようなものを熟字訓という。土産(みやげ)とか、山車(だし)とか、文科省の認める特別例外的な読み方で、3030種あるらしい。漢字クイズによくある。

木通は、アケビ。袋鼠はカンガルー。牽牛花をアサガオと読む。スナックの小ネタにはなる。しかし、これを手紙などに使って教養を示したいと思っても、相手が読んでくれないと通じないから、コミュニケーションの手段としては失格である。

知恵の働かせどころ

それにしても熟字訓。日本人は得意である。正規のものとして認められていないのだが、アルファベットの英字まで取り入れて、漢字のように読ませてしまう。W杯のWは、ワールド、W不倫のWはダブル、大胆である。

今を盛りの五輪。これはオリンピックと読む。まともな神経であれば、「ごりん」とし か読めないだろう。ごりんとおりんは音が似ている。しかもマークが五つの輪でできている。よくできたダジャレである。ただしオリンピックというのは言うまでもなく五つの輪という意味ではない。オリンピックは、正式にはオリンピアード競技大会と言い、ギリシャの神が住んでいる町の名である。

オリンピックを五輪と表記して文を短くする。その辺の融通がいかにも日本語への工夫であり、日本人の知恵の働きであると思う。でも、五輪はオリンピックでいいのだろうか。オリパラと読ませなくてもいいのだろうか。筆者はまだ寡聞（かぶん）にして、五輪をオリンピック・パラリンピックと読んでいる例を知らない。

たくさんある中でのささやかな心配をしつつ、今日もまたそうめんを食べる。

「出口戦略」

終わりではなく、始まりと言おう

「出る」とか「入る」とか言う。「出たり入ったり」する。

しかし、この二つの行為自体に違いがあるわけではない。移動するその場所が問題なのである。AからBに移動する。Aが広い、広がっていると感じられる場所で、Bが狭い、閉じられた空間であると感じられれば、「入る」と言う。その逆は「出る」。狭いところから広い所へ行くのが「出る」である。外から内へ行くのは「入る」、内から外へ行くのは「出る」。

そんなに不都合があるわけではなく、易しい言葉なのではないかと思うのだが、英語では難しい。アメリカで暮らしていて、奇妙なことに気づいた。高速道路には、出口ばかりがあるのだ。ＥＸＩＴというのは出口だと思うのだが、その街へ行く道を聞くと、たとえばＥＸＩＴ15から入れ、というようなことを言われる。高速道路の中の方が一般道よりも広く感じられているのだろうか。日本語にある出入り口という便利な言葉は、英語にはないのではなかろうか。劇場の出入り口にも、ＥＸＩＴとしか書かれていない。

月に飛んでいくロケットは、宇宙空間に「入る」のだろうか、「出る」のだろうか。難しい。競馬のことはよく知らないけれど、実況中継の有名なあるアナウンサーさんに、競走馬は本番前にパドックに「出て」くるのだろうか、「入って」くるのだろうか、聞いたことがあって、はっきりした答えをもらえなかった。本馬場には「出て」くるのか、「入って」くるのか。通路を通ってきた馬の気分からすると、「出る」と思いそうだが、見物客からすると、「入って」きたと思うだろう。

「出る」と「入る」は難しい

具体的な空間移動だけでなく、比喩的にも使われる。

組織に加わるのは「入る」だし、組織から離れるのは「出る」という。だから、入学は

「入る」だし、卒業するのは「出る」である。しかるに、中国語では、大学を「出る」はいいのだが、社会には「入る」と言う。社会に「出ない」のだ。

日本では、勉強する場所の方が狭い、会社に勤めて働く方が広いように思うのだが、中国では、社会というグループに参加する、閉じられた空間に移動すると感じるのだろう。社会的な空間をどのように認識するかが、日本と中国では微妙に異なるのだろう。

「出る」と「入る」は難しい。そこで、出口戦略。それは、入り口戦略と言い換えることもできそうだ。出口は終わるためにどうするかを考えることだが、入り口なら、始めるための未来志向がある。違う視点から、新しいアイデアが「出て」くるのではなかろうか。

「理解を願う」

言葉遣いの違いが理解できない

新幹線に乗っていて、大雨が降りだすと、スピードが落ち始める。「この先豪雨のため、ご迷惑ですが徐行いたします、どうぞご理解お願い申し上げます」、とアナウンスが入る。やがてまた元通りに走り出す。「ご迷惑をおかけしましたがご理解、ありがとうございました」と言われる。

突然の大雨である。視界もきかなくなる。土砂崩れも起きるかもしれない。大変危険である。だから徐行する、というのは至極当然で、とてもよく分かる。お礼を言われるほどのことではない。中学生でも理解できる。

偉い人が、ときどき、とんでもないふるまいをする。例えば、使途不明金の行方を巡って、あるいは贈賄の疑いをかけられて説明を求められる。秘書が秘書がと釈明して、あとは一切取材拒否、それで説明責任を果たしたと言う。しかし大事なことは隠していることが分かってしまう。

こういうとき、国民の理解が足りない。理解していただけるよう努めたいと、かの人たちは言う。いろんな弁明をして、それに批判が集まると、理解されないのは遺憾である、というようなことをおっしゃる。

反対することは理解されないことか。そうではないだろう。理解しているからこそ納得しないのだ。どうも、偉い人たちと一般人の言葉遣いが違うらしい。彼らは、「理解すること」はすなわち「納得すること」だと思っている。「批判すること」は「理解しないこと」だと思っているようなのだ。

まずは「理解」から

子どもに理解のある父親、という言い方がある。

子どものいろいろな考え方をよく聞いて、内心反対でも、その強い気持ちに免じて許す。

許可する。寛容な親のことだ。

理解してほしいという政府は、国民に寛容を求めているのか。私たちは政府のすることを許してあげなければならないのか。ちゃんと理解して、それで文句を言ってはいけないのか。理解すればこそ反対したくなるのに。

ＪＲが、徐行の理解を求めるのも、許してほしいということなのだろう。理解することが許可になる。確かに、勉強しなさいと言われた子どもが、「わかったよー」と言って机に向かい始めることがある。それは、「わかった」ことが、親の命令に従うことだからだ。日本語の使い方は、理解することが承認することであることがある。無理解が不寛容を意味してしまう。でも、分かること、理解することが、承認することではないことも、中学生だって分かる。気を付けましょう。軽々に「理解」しないようにしましょう。

「フィルターバブル」

この素晴らしき我が世界

世の中は、いろいろな考えの人や感じ方の人がいて、それでいいと思うのだけれど、あまりにもひどいと思う人もいる。デマに踊らされたり、洗脳されたりした人たちがいる。目が覚めた後、彼らは「騙されていたんだ」と言うのだけれど、それは言い訳でしかなくて、騙されたから悪くないとはならない。騙されただけの罪が彼らにはある。無罪放免されない。そこはきちんと償ってもらわなければならないと思う。

しかし、騙されることは誰にでも起こりうる。明日は我が身である。自分には起こらなくても、孫子の代には起こりうる。そう考えると怖いものだ。どうしたら防げるのか。

今やインターネットの時代。あらゆる情報に簡単に接することができる。だから、情報源は無限に広がっている。情報の偏りが防げる。にもかかわらず、デマがはびこる。

フィルターバブルという考え方がある。バブルというのは、ふんわりした遮断の仕方のことで、ネットを多く利用している人の周りには、柔らかな情報遮断の幕が、まるで「泡」のようにかぶさっているというのだ。

ネット上の情報があまりにも多すぎる。するとＡＩが勝手に判断して、その人の嗜好に合わせて、いろいろな情報源の中から良さそうなものばかりを優先的に紹介するようになる。

疑うことを知ろう

ネットを開くと、その人に快適な情報ばかりが並ぶようになる。偏った世界にはまり込んで、平気でデマを流し始める。

人は自然に、自分と気の合う人と付き合うし、自分の考えを認めてくれる人とばかり付き合うようになる。それで、自分の周りは自分と同じことを考えている人だけになる。自分の考えはみんながそうだと賛成する意見である。だから自分は正しい。

それが正しいのなら問題ないけれど、世間的に受け入れられないような偏った考えだと、困る。かえって意固地になって、自分たちの考えに固執するようになるかもしれない。

これは誰にでも起こりうる。自分の子供はかわいいから、自分の子は天才ではないかと思いこむ。言われた子供も、自分は賢いと誤解する。狭い世界の意見にとらわれてしまう。

そもそもの家族がフィルターバブルの温床なのだ。騙されるようにできている。

意見と事実を区別すること。事実に従い、意見は疑うこと。それが、騙されないでいられるコツなのだろうと思う。

「ハマる」

身動きがとれないことの喜びと安心感

あちこちで、いろんなものに、いろんな人が、ハマっている。

ある人はイカゲームにハマっているという。そういう遊びがあるのか、タコ揚げのようなものかと思ったら、そうではないらしい。

あるおばあちゃんは、パラリンピック以来、ボッチャにハマっているという。どんぐりころころかと思ったら、池にはまるわけではないらしい。

なにかに夢中になっているということを、ハマる、というようになった。流行語とか若者言葉という域を超えて、かなり一般的に普及して、当たり前に使われるようになっている。

ある人は、今マンホールにハマっていると言うから、そりゃ大変だ、消防署に連絡した方がいいんじゃないかと思ったが、心配無用。マンホールのふたは各自治体が工夫を凝らしていて、いろいろな模様を作っている。写真に撮ったり、拓本を作ったりして収集しているというのだ。

だからと言って、なんにでもハマっていいものでもないらしい。

アルコールや薬にハマるのはいけない。暴力にハマるのもいけない。犯罪にハマってもいけない。選挙にハマる人はいても、政治にハマる人はあまりいない。政治は、ハマるには広すぎるのだろう。仏像にハマっても、宗教論にハマる人はいない。ある程度狭くなくてはいけない。植物学にはハマれないが、盆栽にハマる。特殊性、趣味性、排他性があると、ハマりやすい。

はまるというのは、狭い所に入りこんで出られなくなるようなことを言うのが本来的である。一時中国発のニュースで、狭い柵の間に頭が入り込んで抜けなくなった子供のことがしばしば取り上げられていて、なぜ彼の地の子にはそんなことをする子が多いのか、たいそう不思議だった。あれが、はまる、の古典的な意義である。

自由は大きいほど不安なのだ

ハマっているという人は、たいてい幸せそうである。少なくとも不幸には見えない。満足している。ほかのことには目がいかないようだ。自由が拘束されていて、それでも満足しているらしい。マンホールの写真をPCのメモリーに集めて、人にまで見せようとする。不自由であることが、かえってうれしさを倍加しているかのように見える。

かつて『自由からの逃走』という本で、フロムという精神医学者は、実存的自由の不安がかえって拘束を求め、それがナチズムの悲劇を生んだと説いたが、それほどではないにしろ、今の人たちは、あまりにもいろいろな選択肢があることに不安になってしまい、わざわざ自分から、ハマりに行くらしい。ハマっていることがない人を気の毒にさえ思うらしい。

今年は僕も人並みに、なにかにハマろうかしらん。

「正解」

○でも×でもないから面白い

みんなですき焼きをすることになった。焼き豆腐を持ち込んだ。

焼き豆腐は、木綿や絹ごしと違って腰が強くて、煮込んでも煮崩れしない。

「やっぱりすき焼きには焼き豆腐だね」

「うん、焼き豆腐が合うよね」

「焼き豆腐、セーカイ」

「うんセーカイ」

「大セーカイ」

すき焼きに使う豆腐について、木綿豆腐がいいか焼き豆腐がいいか、はっきりと判断できるものではない。好き嫌いなのだから、デジタルに○×で判定するような思考方法は、いかにもＩＴ時代風で、未熟に思える。よりよい、とか、まあそうかもしれない、などという曖昧さ、はっきりしない中間色を大切にするのが、成熟した判断法であるだろうと思う。焼き豆腐が○で、他は全部×であるというのは短絡的でありすぎる。いかにも今風である。

しかし、今回この稿で取り上げたいのはデジタル思考がアナログ思考を凌駕（りょうが）しているという話ではない。そこからもう少し深いところ、「セーカイ」という考えである。

考えてみると、私たち日本人のほとんどすべては、何らかの試験問題を数多く受けて大人になってきている。それで、私たちは何かの疑問に出会うたびに、その課題を、出題された試験の答案を書くかのように解いていくようになっていく。それぞれの試験問題には、正解があることになっていて、試験問題に対する正しい答え、すなわち正解を答えることが受験者に求められているのだ。

しかし、その試験問題は、いったいどこのだれが出題しているのだろうか。

本当に正しい答えはひとつなのか？

試験問題であるからには、どこかに権威がいて、合否を判定する人たちがいて、出題者がいる。彼らの作成した基準に達した者が合格者であり、それ以外は落第する。そういうシステムが、正解を求める背後にあることが前提になっている。それで、正解を求める。その、正しい答えは誰でもなく出題者だけが知っている。勝手に決められている。

到着地点まで一番早く行ける道順はどんなか。

彼女が喜んでくれる贈り物は何か。

やっととれた休みの日をどう過ごすべきか。

それぞれのセーカイを求めようとする。すき焼きに入れる豆腐に何がふさわしいか、それを出題しているのは誰なのだろうか。それに正解すると、成績が上がるのだろうか。正解なんかどうでもいい。それはあまり面白くない。楽しくない。

「バールのようなもの」

似ているけれど、違うものを意味する

ニュースを聞いていて、強盗団が夜中、シャッターをバールのようなもので打ち壊して侵入した、などと言うのをよく聞く。バールのようなものを手にした男に脅かされた、などと言うのも聞く。

このバールのようなもの、とは何なのか、よくわからない。そもそも、バール、がわからない。今まで手にしたこともないし、目にしたことさえもないような気がする。

調べると、バールというのは、鉄梃（かなてこ）のことであるらしい。1メートルぐらいの金属製、先が曲がっていて、梃子（てこ）にして使うことができる。先端にくぎ抜きのような溝がついているものもある。重そうで、これでたたかれたらかなり痛いだろう。

手で持てば武器になる。閉じた窓でもすぐにこじ開けてしまえるに違いない。しかし、このようなものを使う人、このような道具が身近にある人というのはどんな人なのか、私のような者には、幸いというべきか、縁遠い。

ただここで問題にしたいのは、バール、ではなく、それに続いている「ようなもの」の部分なのだ。

「ようなもの」というのは、似ているけれど、それとは違うものを意味することになっている。似た言葉で「らしい」というのがある。

「男のような人」というのと「男らしい人」というのは違う。男らしい人は男であるけれど、男のような人は、男ではない。だから、バールのようなもの、とは、バールと似ているけれど、バールではないものでなければならない。

いったいそれは何だ。

「例えば」という使い方

金属の棒で、鉄梃と似ているのだから、どっか曲がっていなくてはならないだろう。ぐにゃりと曲がった鉄の棒か。何のために曲がっているのか。どうしてそんなものを持ち歩いているのか。いかにも怪しいではないか。お巡りさんに捕まえてくれと言わんばかりではないか。

ようなもの、は、例示であるという考え方がある。例えばそのようなもの、ということ。昔、金馬（きんば）という落語家の十八番に『居酒屋』というのがあった。客が居酒屋の小僧の口上をからかうのだ。「肴はどんなのがあるか」「へーい、できますものは、つゆはしらたらこぶあんこうのようなもの、ぶりにおいもにすだこでございます。へェい〜〜〜〜」「じゃ、その『ようなもの』をくれ」

この「ようなもの」は、例として挙げた、という使い方の「ようなもの」である。バールのようなもの、とは、例えば、ということだろうか。しかし、例えに使われるようなもので殴られて怪我したら浮かばれないようにおもう。ほんとうは何だったのだろう。

「成人」

未熟と成熟が曖昧に一緒になった日本語

一体成人するというのはどういうことなのだろうか。

少年法というのが改正されて、18歳で成人として認められることになったと、かまびすしい。民法が改正されたというのだ。

今までは20歳にならなければクレジットカードとかは勝手に作れなかった。親の承諾が要った。でもこれからは、十分自覚しないと、借金まみれになってしまう恐れがある。

AVに出演するのにも、親の承諾が要ったのだが、これからは、18歳で責任をもって承諾できることになった。というか、承認して出てしまったら、それを拒否することができなくなったという。成人年齢を引き下げるのは恐ろしいことであるらしい。18歳は未熟だから心配であるという。

しかし、18歳で凶悪な犯罪を犯すと、今までと違って、実名が報道されるようになった。だから大変だという。刑罰が強化されるというのならわかる気がするけれど、要するに名前が知られてしまうというだけのことで、世間様に顔向けできなくさせる、恥ずかしいことになるぞという、ひと昔前の村社会のような考え方になっていて、近代的な考え方とは違うような気がする。一度罪を犯したら、再出発できにくくなるというわけで、時代の流れと逆行しているように思われる。

一方で、選挙権は少し前から18歳にも与えられた。これはどちらかというと喜ばしいことのようで、未熟で無分別な18歳が政治の権力を行使することには、誰も不安を抱かなかったようだ。

何をもって大人とするのか、よくわからない。

酒やたばこは20歳からであるけれど、少し前まで、大学に入ったら飲酒は大目に見られていた。競馬やパチンコも、しゃくし定規に規制されず、ずっといい加減だった。

無理に線引きしない大人の知恵

あまたいる大人たちの間にあって、数々の将棋タイトルに輝く藤井君のような未成人（？）もいる。事故の被害者に対してSNSでひどい中傷コメントを書きつける愚かしい30歳もいる。

人の成熟はさまざまであり、生まれてからの物理的時間によって、少年と成人の区分をすることはできない。同じ一人の人間でも、大人的部分と未熟な部分とが入り混じっている。人に「少年」とか「成人」とかの言葉を張り付けるのは、その巷の文化的な知恵に拠るのであって、少なくとも、民法なんかではない。

法律は無理にでも線引きしなければならないのだろうけれど、曖昧であるのが大人の知恵というものだ。

「やはり」

世間様を味方に付ける便利な言葉

朝からニュースショーを見ていて、いろんなニュースがながれる。戦争やら疫病やら生まれたての動物の赤ちゃんやらどこやらの絶景やら。これに必ずコメントが入る。コメンテータと言われる人たちがいて、それぞれのニュースに何か言わなくてはならないらしい。

「やっぱり早く平和になってほしいですねえ」

「まだやっぱりゆだん出来ませんよねえ」

「やはり・やっぱり」の頻用。気になりだすと気になってしまう。

「赤ちゃんはやっぱかわいいですねえ」

「一度はやっぱり行ってみたいもんです」

数えているときりがない。二度も三度も使う。

これは普通の人たちも同様である。

「やっぱこういう時はマックで決まりだね」

「そ。バーガーキングもやっぱ捨てがたいけどね」

どこが「やっぱ」なのか、よくわからない。

「やはり」というのは、辞書によると、依然として、相変わらずそうなっているという意味である。

「父もやはり魚屋でした」

予測した通り。

「彼はやっぱり来なかった」

しかし、この頃の使われ方は少し違う。当然なのだが、言うまでもないが、常識であるように、みんなが思うとおりに、というような気持ちで使われている。

意見ではなく同意の表明

コメンテータは、自分の意見を言っているつもりではあるのだが、そんなにすべての領域で語れるほどの知識があるわけではないだろう。しかし、何かしら言わなければならない。その立場に同情したくなる。それで窮してしまい、これは自分一人の意見ではなく、世間一般の考えであり、それに依拠しているのだから正しいのです、私もおなじように思うのです、と表明したくて言っている、と思える。無理やり同意を誘っている。あるいは自信がない。責任から逃げようとしている。

意地悪く考えると、要するにあまり深く考えたことがないけれど、言わされているだけの、空語に過ぎない。

江戸時代の俳人滝野瓢水の句に「手に取るなやはり野に置け蓮華草」というのがある。一説によると、瓢水の友人が遊女を本妻に迎えようとして、それをいさめて作った句だという。この「やはり」は見事である。昔の人はやっぱり上手だ。

「ゲリラ豪雨」

ひとくくりにしたくない雨の風景

気象予報士の人と会う機会があって、ゲリラ豪雨というのが気に入らないということを言った。

炎天下、地面から陽炎（かげろう）が立ち上り、ほこりっぽい風が吹く。汗がだらだら流れてきて、少し休みたいような気分になる。歩くのもうんざりする。ハンカチも汗で濡れてしまう。

そんなとき、いってんにわかに掻き曇り、湿った空気が流れ込んできたかと思うと、土砂降りの雨が始まる。バケツをひっくり返したようだと形容される。

皆が雨宿りで軒先に駆け込む。燃えるようだったアスファルトの上を水が流れていく。涼しくなる。焼けるような空気がいちどきに鎮まる。

いいものだった。私の筆力では、あの情緒をうまく表現できない。

吉行淳之介の短編に「驟雨」というのがある。娼家の部屋にいる午後、下の路地から人の騒ぐ声が聞こえてくる。にわか雨なのだ。

「色めき立った女たちの呼ぶ声が、地面を激しくたたく雨の音を圧倒し、白い雨の幕を突き破った。…彼はその呼ぶ声を気遠く聞きながら、夜はクリーム色の乾燥したペンキのように明るいだけのはずであるこの町から、無数の触手がひらひらと伸びてきて、彼の心に絡みついてくるのを知った」

客を呼び込む声、元気に叫ぶ声。立ち騒ぐ声。現代には失われた空間と時間。

日本語にはにわか雨に関する言葉がたくさんあって、通り雨とか白雨（はくう）、肘笠雨（ひじかさあめ）というのもある。それなりの情緒があった。それがゲリラ豪雨ということになって、嬉しくない。まるで厄災のようではないか。

先が予測できないための言葉なのだ

天気予報では洪水や土砂崩れなどの災害に注意しろとばかり言う。平凡で退屈な時間を断ち切るようにやってくる雨の良さを伝えてくれない。

確かに、警報を出すのが天気予報の重要な役目であるらしい。気象庁は、誰かから文句を言われるのを極力避けたいのだ。消極的な態度が、つまらない言葉遣いになって現れる。濡れたっていいではないか。雨宿りも楽しいではないか。何より、生活に破調を呼び込む天候の変化は、私たちが自然の中でしか住めないことを思い知らせてくれる。自然と共に暮らしている喜びを思い出させてくれる。それに伴う暮らしの彩りを豊かにしてくれる。ゲリラ豪雨は、あまりに言葉として殺風景である。その殺伐さも、時には悪くないけれど、いつもいつもでは、潤いがないではないか。でも、そういうことを書くと、不謹慎であるとか言われちゃうのだろうなあ。

「おしゃか」

壊れて使いものにならない日本語

傘を買ってみようかと思ったことがある。

傘は、濡れなければいい。いくら高級であっても、濡れなければ同じである。しかも、電車の中に置き忘れることがしばしばである。だから、コンビニのビニール傘をもっぱら愛用している。

しかし、高級な傘は軽くて細くて品がいい。分不相応というのでもない。買ってもいいなと思い、日本橋の高級店に入ったのだ。数年前のこと。店頭の傘は、しかしなんと4万円。舶来品。呆れてしまい、買う気が失せた。

世間には、こんなものを使う人がいるのだろうか。どうせ、高級車のお迎えがついて、雨に濡れる心配なんかほとんどしなくていいだろうに。

で、透明の300円の傘を次々と買い替える。それで済んでいるのだが、何せ骨組みが弱い。華奢（きゃしゃ）というとかっこいいけれど、要するにヤワなのだ。すぐに「おしゃか」になる。

「おしゃか」というのは死語に近いらしい。若い編集者には通じなかった。強い風にあおられて、ひっくり返る。骨が折れてしまい、ちゃんと開かなくなる。壊れてしまうこと。

おしゃかになるのは、傘とは限らない。交通事故で、車がつぶれてぺしゃんこになる。もう動かせないし使えない。おしゃかである。見た目で、いかにも壊れましたという外見が必要であるらしい。普通の時計が動かなくなっても、おしゃかとはいいがたい。中身のばねやゼンマイなどが飛び出ているような壊れ方でなければならない。

なぜこれを「おしゃか」というか、諸説ある。

大らかなお釈迦様を利用？

釈迦像は裸であることから、賭け事などで大負けして丸裸になってしまうことを言い、そこからダメになってしまうという意味になったのだという説。

仏師たちの符牒で、阿弥陀仏の注文を受けたのだが、間違えて、釈迦像を作ってしまい、無駄になったという説。これには、阿弥陀ではなく地蔵仏を注文されたのだという異説もある。まあ、どっちでもよろしい。

出来た製品が使いものにならず、生かせなくなったことを死んだ人のようだというので、仏様の関連で釈迦を連想したのだろうという説。

秀逸なのは、金細工職人の符牒から出たという説。彼らは溶接の技術を使うのだが、火が強すぎて失敗してしまうことがある。「火が強かった」から、「ヒガツヨカッタ」、「しがつよかった」「4月8日」となって、お釈迦様の誕生日ということで、おしゃかというようになったというのだ。

こうなってくると、語源の科学的正確さではなく、面白さを競うようになっている。

いずれ、お釈迦様は立派な方だろうに、その名をこんな言葉に使われて気の毒であるが、笑って許してくれそうな気もする。

「卒業」

一人前になった証であってほしい言葉

テレビを見ていると、「今日で○△ちゃんは卒業です」と言われ、たいていは女子アナとかが花束を贈られて、涙ぐんでお別れの挨拶をする。この番組には今後出ないのだ。辞めさせられるのか、他の番組に移るのか、待遇の不満があって独立するのか、番組のディレクターともめたのか、何らかのスキャンダルに巻き込まれそうなのか、あるいは寿退社のようなものか、その辺の事情は分からないのだが、ともかくその番組に出るのをやめるということらしい。

始まることがあるのだから終わることもある。当然のことだが、終わることを卒業と言い換える。

卒業というのは、何らかの学業を終えて、これから先は一人前になるという節目のことだろう。今までの経験を生かして、より充実した仕事ぶりをこれから披露する、これからの前途洋々を祈るにやぶさかではないのだが、しかし、じゃあ今までの仕事ぶりは練習だったのか。半人前の修業期間だったのか。そんな未熟な人の仕事ぶりにつきあわされていたのかという気にもなる。

若い人ならそれでもいい。例えばこの4月、長寿番組の「新婚さんいらっしゃい！」で、司会の桂文枝さんが卒業したという報道がされた。番組はそのまま藤井隆さんが司会を続ける。

しかし、天下の桂文枝さんに、卒業はなかろう。引退とか勇退とかは言いにくいのか、言葉を変えているだけなのかもしれない。しかし、いつでも言い換えられるかというとそうでもない。

本来はめでたいことなのに…

政治家は引退と言う。今年の選挙、伊吹文明とか塩崎恭久(やすひさ)とか、知ったような人がもう選挙に出るのをやめたらしい。

彼らの場合、卒業とは言わない。言ってしまったら、今までの議員生活が一体何だったのかと批判されかねない。

警察庁長官は辞めるらしい。次にはちゃんと天下り先が用意されているとかいう。これで卒業と言ってしまうと、次の仕事が実は本命の仕事だと思われかねないようになってしまい、具合が悪い。

スポーツ選手の場合、現役をやめてからの方がマスコミの露出が多いような人もいる。これはある意味ほんとうの卒業だったのかもしれない。

私もこのあいだまで教師だった。何度も卒業式に立ち会った。卒業する人は新しい世界が始まるからいい。教師としても、学生たちが卒業していくのはめでたいことでもある。いつまでもさよならをしてくれないのは、困ってしまうのだ。

早く卒業してほしい人は世間に多い。

装丁・挿絵／仲光寛城

初出／第1章、第2章、第3章　書き下ろし
第4章　小学館『サライ』連載「巷のにほん語」（金田一秀穂著）より収録

金田一 秀穂（きんだいち・ひでほ）

1953年東京都生まれ。祖父の金田一京助（言語学者）、父の金田一春彦（国語学者）に続き、自身も日本語研究を専門とする言語学者。東京外国語大学大学院を修了。その後、中国大連外語学院、コロンビア大学などで日本語を教える。1994年、ハーバード大学客員研究員を経て、杏林大学外国語学部教授。2018年度より山梨県立図書館館長。現在、杏林大学名誉教授。現代用語の基礎知識選「ユーキャン新語・流行語大賞」選考委員。

あなたの日本語だいじょうぶ？　ＳＮＳ時代の言葉力

二〇二三年七月十日　初版第一刷発行

著　者　金田一秀穂

発行者　横山泰子

発行所　暮しの手帖社　東京都千代田区内神田一ノ一三ノ一　三階

電　話　〇三-五二五九-六〇〇一

印刷所　株式会社暁印刷

ISBN978-4-7660-0235-5　C0095